高校英语教学理论与应用研究

张金龙　王荻秋　荆睿丽　著

延吉·延边大学出版社

图书在版编目（CIP）数据

高校英语教学理论与应用研究 / 张金龙，王荻秋，荆睿丽著. -- 延吉：延边大学出版社，2024.6.
ISBN 978-7-230-06783-6

Ⅰ. H319.3

中国国家版本馆CIP数据核字第 2024WY7608 号

高校英语教学理论与应用研究

著　　者：张金龙　王荻秋　荆睿丽	
责任编辑：赵　颖	
封面设计：文合文化	
出版发行：延边大学出版社	
地　　址：吉林省延吉市公园路977号	邮　编：133002
网　　址：http://www.ydcbs.com	E-mail：ydcbs@ydcbs.com
电　　话：0433-2732435	传　真：0433-2732434
印　　刷：长春市华远印务有限公司	
开　　本：787毫米×1092毫米　1/16	
印　　张：7.75	
字　　数：175千字	
版　　次：2024年6月第1版	
印　　次：2024年7月第1次印刷	
书　　号：ISBN 978-7-230-06783-6	

定　　价：65.00元

前　言

进入 21 世纪，国际交流日益密切，作为世界通用的语言沟通工具，英语在国际政治、经济文化等交流中发挥着重要的作用，与此同时社会对英语人才的需求与日俱增。作为培养现代化优秀人才的重要基地，高校应积极进行英语教学改革，构建面向国际的英语教育体系，培养高素质应用型英语人才。在多元文化背景下，教师应引导学生树立跨文化意识、文化自觉意识，满足时代发展需求。

高校英语是我国高等教育体系的重要组成部分。高校英语课程的开设对于夯实大学生的英语基础知识、提高大学生的英语素质有着重要的意义。高校英语教师应该不断提高教学水平，培养学生听、说、读、写等应用能力。培养学生的英语应用能力是高校教育中重要的一环，摆在高校英语教师面前的是如何让学生学会并运用与其专业相适应的英语。

本书主要针对高校英语教学的理论与应用实践展开论述：第一章总体概述高校英语教学，包括高校英语教学的基础，教学现状、问题及对策等内容。第二章到第六章分别介绍自主学习理论、个性化理论、教育生态学理论、文化教学理论和跨文化交际理论的内涵，深入研究各理论对高校英语教学的影响以及基于这些理论的高校英语教学策略。

本书在写作过程中，参阅了大量的相关书籍和文献，并借鉴了相关专家、学者的观点，在此一并表示深深的感谢。由于时间仓促和个人能力有限，书中难免出现错误或遗漏之处，恳请广大读者批评指正。

目　录

第一章　高校英语教学概述 ·· 1

　　第一节　高校英语教学的基础 ·· 1
　　第二节　高校英语教学现状、问题及对策 ·· 10
　　第三节　高校英语教学策略 ·· 14

第二章　基于自主学习理论的高校英语教学 ·· 16

　　第一节　自主学习理论的内涵 ·· 16
　　第二节　高校英语教学中自主学习能力的培养 ·· 23
　　第三节　基于自主学习理论的高校英语教学模式 ·· 30

第三章　基于个性化理论的高校英语教学 ·· 41

　　第一节　个性化理论的内涵 ·· 41
　　第二节　高校英语个性化教学的影响因素及对策 ·· 45
　　第三节　基于个性化理论的高校英语教学实践 ·· 49

第四章　基于教育生态学理论的高校英语教学 ·· 54

　　第一节　教育生态学的内涵 ·· 54
　　第二节　高校英语教育生态化的构建原则 ·· 59
　　第三节　基于教育生态学理论的高校英语教学策略 ···································· 62

第五章　基于文化教学理论的高校英语教学 …… 69

第一节　文化教学理论的内涵 …… 69
第二节　文化教学在高校英语教学中的地位和作用 …… 74
第三节　基于文化教学理论的高校英语教学模式 …… 78

第六章　基于跨文化交际理论的高校英语教学 …… 86

第一节　跨文化交际理论的内涵 …… 86
第二节　高校英语教学跨文化交际能力培养体系的建构 …… 90
第三节　基于跨文化交际理论的高校英语教学策略 …… 106

参考文献 …… 114

第一章 高校英语教学概述

第一节 高校英语教学的基础

一、高校英语教学的属性和内涵

（一）高校英语教学的属性

高校英语教学既是一种语言教学，又是文化的教学。下面对这两种属性进行说明：

1.英语教学的语言属性

英语是世界通用语言，对其的教学是一种语言教学，这是英语教学的本质属性。语言教学，顾名思义，就是为了培养和提高学习者的语言能力而进行的教学。高校英语教学作为重要的语言教育方式，其本质也应该是提高学生的英语语言综合应用能力。

需要特别说明的一点是，一部分专门进行语言知识研究的语言教学工作并不是以语言应用为目的，因此其并不属于语言教学的范畴。例如，古希腊语研究、古汉语研究、古英语研究等。

2.英语教学的文化属性

文化孕育语言，语言反映文化。语言和文化有着密切的关系。在英语教学的过程中，培养学习者的文化思维也十分重要。英语教学的文化属性启示教学者应该重视文化的影响作用，从而便于学习者跨文化交际能力的提升。

（二）高校英语教学的内涵

高校英语教学是我国外语教育的重要组成部分。高校英语教学是师生共同作用的教育活动，需要教师对学生进行引导，也需要学生主动地学习。检验高校英语教学的成果需要以教学目标的实现为标准。总体上说，高校英语教学是师生共同完成预定任务的双边活动。具体来说，高校英语教学的内涵主要包括以下几个方面：

1.高校英语教学带有目的性

高校英语教学根据不同的教学阶段，划分出了不同的教学目标。具体的教学目标又带有层次性和领域性。

2.高校英语教学带有系统性和计划性

高校英语教学的系统性体现在教学的管理者和计划的制定者上，主要包括行政机构、教研部门和教学管理者。高校英语教学的计划性指的是对英语基础知识进行的计划性教学。

3.高校英语教学的实施需要采用科学的教学方法和技术

英语教学历史悠久，在实施过程中形成了大量的教学方法。随着现代科学技术的发展，高校英语教学活动借助的教学技术也相应增加。

综上所述，高校英语教学的内涵可以被概括为：教师在教学目标的指引下，在有计划地系统性地实施过程中，借助科学的教学方法和技术，对英语基础知识和英语文化进行的教学，以期促进学生的整体素质和语言能力的提高与发展。

二、高校英语教学的基本关系

（一）英语与汉语之间的关系

1.语音迁移

语音迁移是语言迁移中最为明显也是最为持久的现象。英语和汉语分属不同的语系，两者在语音方面存在很大的差异。第一，汉语是一种声调语言，用四种声调辨别不同的意义。第二，英语和汉语的音素体系差别较大，两种语言中几乎没有发音完全一样的音素。

2.词汇迁移

初学英语的人很容易认为英语和汉语的词汇存在着一一对应的关系，每个汉语词汇都可以在英语中找到相应的单词。其实，一个词语在另一种语言中的对应词可以有几种不同的意义，因为它们的语义场不相吻合，呈现重叠、交错和空缺等形式。初学英语的人往往会把汉语的搭配习惯错误地移植到英语之中，于是出现了许多不合乎英语表达习惯的句子。除少量的科技术语、专有名词在两种语言中意义相当之外，其他词汇的含义在两种语言中都或多或少存在差异，这些差异都有可能导致负迁移现象的发生。

3.句法迁移

句法就是组词造句的规则，也就是人们常说的语法。英汉两种语言在句法方面有一些相同之处，同时也存在着很大的差异。首先，汉语是一种分析性语言，没有严格意义上的形态变化，主要通过词序和虚词的使用来表达各种句法关系。汉语重意合，其意义和逻辑关系往往通过词语和分句的意义表达。受此影响，中国学生在使用英语时常按照汉语的习惯将一连串的单句罗列在一起，不用或者很少使用连词。另外，英语和汉语在静态和动态方面也存在一定的差异。英语名词化的特点使许多中国学生感到不适应，在写作中这一点表现得最为突出。

与汉语和英语的关系这一问题相关的还有语言的社会功能问题。一个民族的母语是其民族的特征之一，母语教学对于培养学生的爱国主义情感具有重要的意义。

在处理汉语和英语的关系方面应该注意以下两个问题：

第一，在全社会重视英语教学的同时，决不要忽视汉语的学习。英语作为国际交往中重要的交流与沟通工具，其重要性已经为越来越多的人所认识。目前，中国人学习英语的热情高涨，英语教育贯穿各个学习阶段。为了满足人们英语学习的需求，各种各样的教学方法，丰富多彩的学习用书、音像制品和应用软件也应运而生。需要注意的是在全社会重视英语教学的同时，不能忽视汉语的学习。

第二，克服负迁移，促进正迁移。在对待英语和汉语之间的关系方面，有两种截然相反，但都不可取的态度。一种是依靠汉语来教授英语，这显然是不可取的。对于中国的英语学习者来说，汉语是他们的母语，学生在学习英语时会自觉或不自觉地与汉语进行比较。如果教师在教学过程中过多地使用汉语，学生就会很难摆脱对汉语的依赖，养成一种以汉语为"中介"的不良习惯，在听、说、读、写等语言活动中会不断地把听到的、读到的以及要表达的英语先转换成汉语，这样就很难流利地使用英语，也不可能写出或讲出地道的英语。另外一种是完全不用汉语，教师全部用英语教学。这不仅难以做到，而且也是不可取的。

（二）外国文化与中国文化之间的关系

语言与文化密不可分，语言具有丰富的文化内涵，英语学习中有许多跨文化交际的因素，这些因素在很大程度上影响着英语的学习和使用。因此，要把文化意识作为综合语言运用能力的重要组成部分。

在外语教学中，文化是指所学语言国家的历史、地理、风土人情、传统习俗、生活方式、文学艺术、行为规范、价值观念等。它不仅包括城市、组织、学校等物质的东西，而且包括思想、习惯、家庭模式、语言等非物质的东西。语言与文化具有密切的关系，这主要表现在三个方面：第一，语言是文化的重要组成部分；第二，语言是文化的载体，也是反映文化的一面镜子；第三，语言与文化相互影响、相互作用。因此，理解语言必须了解文化，理解文化必须了解语言。

语言具有丰富的文化内涵，不具备文化内涵的语言基本上是不存在的。在一种语言中，从单词到语篇都可以体现文化的内涵。例如，在单词的层面上，英汉两种语言具有很大的差异，某些词语看起来似乎指同一事物或概念，其实不然。对于某些词汇来说，英汉的基本意义大体相同，但是派生意义的区别可能很大。

英汉两种语言的文化差异也可以导致文化迁移现象的产生。文化迁移是指由文化差异而引起的文化干扰，它表现为在跨文化交际中，或外语学习时，人们下意识地用自己的文化准则和价值观念来指导自己的言行和思想，并以此为标准来判断他人的言行和思想。文化的内涵分为三个层次：第一个层次是物质文化，它是经过人的主观意志加工改造过的；第二个层次是制度文化，主要包括政治及经济制度、法律、文艺作品、人际关系、习惯行为等；第三个层次是心理层次，或称观念文化，包括人的价值观念、思维方式、审美情趣、道德情操和民族心理等。深层文化迁移是指第三层次中的文化要素的迁移，由于它属于心理层次，涉及人们的观念和思想，所以在跨文化交际中不容易被注意到。

教授和发现影响传递信息的各种文化因素必须以英语学习者的母语文化为比较对象，只有通过两种文化差异的比较才能找到影响交际的各种因素。另外，英语教学不仅仅是培养介绍和引进国外文化、知识、技术、科学等的人才，同时也承担着输出中国文化的任务。

（三）语言知识与语言技能之间的关系

语言知识包括语音、词汇、语法等三个方面的内容。英语语言知识是英语综合运用能力的有机组成部分，是发展语言技能的重要基础。使学生掌握一定的英语基础知识也是英语教学的基本目标之一。在英语中，语音和语法、构词法、拼写都有关系。很好地掌握语音，不但有利于听说技能的获得，而且也有助于语法和词汇的学习。词汇是构筑语言的材料，尽管词汇量大并不一定意味着语言能力强，但要具备较强的综合语言运用能力则必须掌握足够的词汇。英语中的习惯用法又称习语，具有语义的统一性和结构的固定性两个特点。习惯用法是固定的词组，在语义上是一个不可分割的统一体，其整体意义往往不能从组成该用语的各个单词的意义中推测出来。

语言技能指运用语言的能力，包括听、说、读、写四个方面，其中说和写被称为产出性技能，而读和听被称为接受性技能。听是分辨和理解话语的能力，即听并理解口语语言的含义；说是应用口语表达思想，输出信息的能力；读是辨认和理解书面语言，即辨认文字符号并将文字符号转换为有意义的信息输入的能力；写是运用书面语表达思想、输出信息的能力。听、说、读、写是学习和运用语言必备的四项基本语言技能，是学生进行交际的重要形式，是他们形成综合语言运用能力的重要基础。

（四）教师与学生之间的关系

学生是学习的主体，英语教学要以学生为中心。教师的主要职责是引导和帮助学生学习英语，因此教师要善于根据学生的生理和心理发展的特点认真研究教学方法，排除学生在学习上的心理障碍，调动学生学习的主动性和积极性。教师还要面向全体学生，因材施教，发挥不同学生的特长。

学习态度与动机是影响英语学习的重要情感因素，英语学习的成功在很大程度上依赖于强烈的动机和端正的态度。如果学生对讲英语的人和英语教师产生反感，自然就缺乏学习动机，学习的成功也无从谈起。根据动机产生的根源，动机可以分为内在动机和外在动机。内在动机来自个人对所做事情本身的兴趣；外在动机是外部因素作用的结果，如父母的奖赏、老师的鼓励、考试的高分等。内在动机和外在动机之间存在着相互影响的关系，教师在培养学生内在动机的同时，也要注意对学生外在动机的培养。

三、高校英语教学的原则

（一）交际性原则

语言是交际的工具，人们主要通过语言来交流思想、传递信息。交际是在特定语境中说话者和听话者、书本和读者之间的意义转换。由此定义可以得出以下几点启示：交际包括口语和书面语两种形式，交际总是发生在一定的语境之中，交际需要两个及两个以上的人参与并产生互动。

学习英语的首要目的就是使用英语进行交际，而英语教学的首要目标就在于培养学生的交际能力。交际能力的核心就是能够运用所学的语言知识在不同的场合下与不同的对象进行有效的得体的交际。因此，在英语教学中，教师要贯彻交际性的原则，使学生能用所学的英语与人交流。教师在教学过程中要努力做到以下几点：

1.充分认识英语课程的性质

英语课程首先是一种技能培养型的课程，要把英语作为一种交际的工具来教、来学、来使用，而不是把教会学生一套语法规则和零碎的词语用法作为英语教学的最终目标，要使学生能用所学的语言与人交流，获取信息。在教学过程中，教、学、用三个方面构成了一个有机的相辅相成的统一体，其中的核心在于使用。因此，教师转变以往陈旧的教学观念，认清英语课程的性质，是落实交际性原则首先需要解决的问题。

2.创设情境，开展多种形式的交际活动

语言是交际的工具，而交际的发生总是处于特定的情境之中。情境包括时间、地点、参与者、交际方式、谈论的题目等要素。在某一特定的情境中，讲话者所处的时间、地点

以及本人的身份都制约他说话的内容、语气等。因此，在英语教学中，教师要将教学内容置于一种有意义的情境之中。而且，在一定的情境之中学习英语，可以使学生身临其境，提高学生学习英语的兴趣。教师要充分考虑交际性的特点，结合教材的内容，尽量利用各种教具，创设与学生生活密切相关的各种情境，进行真实或逼真的英语交际训练活动。

3.注意培养学生语言使用的得体性

英语教学的首要目标在于培养学生进行有效交际的能力。学生要具备良好的交际能力，需要学会在适当的时间、适当的地点，以适当的方式，向适当的人，讲适当的话。这一点与上面一点密切相关，创设情境，开展多样的交际活动，如课堂游戏、讲故事、猜谜语、编对话、角色扮演、话剧表演、专题讨论或者辩论等，都有助于学生在创设的情境中充分表现自己，从而掌握地道的语言。

4.精讲多练

在英语课堂上，教师适当讲授一些语言知识是必要的，可以提升学生学习的效果。就如同学习游泳一样，在下水之前，教师讲解一些注意事项、游泳的动作要领，可以有助于提高学生在水里训练的效果。但是，英语首先是一种技能，技能只有通过实际训练才能获得。因此，教师必须清楚，讲解的目的在于帮助学生更好地训练。在语言训练的过程中，教师要针对学生的具体问题给予其"画龙点睛"式的点拨。这不仅有利于培养学生的语言交际能力，还有助于学生养成良好的学习与思维习惯。教师在进行了必要的讲解之后，要给学生留出足够的训练时间。

5.注重教学内容与教学活动的真实性，贴近学生的生活

语言与现实生活密切相关，教学活动的设计与教学内容的选择一定要考虑这一因素。在英语教学中，教师要把语言和学生所关心的话题结合起来，要给学生足够的、内容丰富的、题材广泛的、贴近学生生活的信息材料。另外，教学内容的真实性还要求教材的语言和教师的语言是真实的，也就是说，教材的语言和教师的语言应该是以英语为母语的人在交际过程中所使用的语言，而不是专为教学编写出来的。

（二）兴趣性原则

我国古代教育家孔子把学习分为三个不同的层次：知学、好学和乐学，认为"知之者不如好之者，好之者不如乐之者"。兴趣是最好的教师，是推动学生学习英语的强大动力。兴趣是人对事物的一种认识倾向，伴随着积极的情绪体验，对个体活动，特别是对个体的认知活动有巨大的推动作用。学习兴趣可以使学生在学习活动中变得积极主动，从而获得更好的学习效果。为了激发和培养学生学习英语的兴趣，教师应该做到以下几点：

第一，教师要充分了解学生的生理与心理特点，尊重学生的主体性。学生是学习的主体，是整个学习过程的核心承载者。教师必须从学生的生理和心理特点出发，改变传统的

教学方式，遵循语言学习规律，让学生通过体验和实践进行学习。教师可以通过说唱、玩演、读写和视听等多种活动方式，培养学生学习英语的兴趣，增强学生用英语交流的能力。

第二，教师避免过于强调死记硬背、机械操练的教学倾向。英语学习需要一定的死记硬背和机械操练的活动，然而过多的机械操练很容易导致课堂教学的死板与乏味，容易使学生失去或者降低学习英语的兴趣。为此，教师应该科学地设计教学过程，努力创设逼真的教学情境，帮助学生通过各种渠道获取知识，加速知识的内化过程，使他们能够在听、说、读、写等语言交际实践中灵活运用语言知识，变语言知识为英语交际的工具。这样，学生在获得交际能力的同时，综合素质也会得到相应的提高。

第三，教师要积极挖掘教材，激发学生兴趣。教材是英语教学的核心，教师要想最大限度地调动学生的积极性，就要在备课中认真研究教材，挖掘教材中的兴趣点，使每节课都有新鲜感，都有让学生感兴趣的内容和活动。

第四，教师要善于发现学生的进步，多鼓励表扬，培养学生的自信心和成就感。对于学生来说，其学习兴趣能否保持在很大程度上取决于学习的效果，取决于他们能否获得成就感。因此，教师要通过多种激励的方式，如奖品激励、任务激励、荣誉激励、信任激励和情感激励等，鼓励学生积极参与、大胆实践，体验成功的喜悦。

第五，教师要加强与学生之间的交流。一个班级的学生来自不同的家庭与环境，教师要平等地对待每一个学生，对学生充满爱心，通过各种形式与学生进行交流，真心地与学生交朋友，用自己对工作、对学生的热爱去影响学生。实践表明，学生对某一门课程的喜欢与否，往往取决于其对于该门课程授课教师的态度。另外，教师还要寓思想教育于教学之中，结合英语教学培养学生的道德情感和对英语学习的热情，创造和谐、宽松的课堂气氛，保护学生的自尊心。好的情绪转到学习中就会变为一种兴趣和动力。因此，教师在严格要求学生的同时，还要给学生创造一种和谐的学习氛围，使学生获得积极的情绪。

（三）灵活性原则

灵活是兴趣之源，灵活性原则是兴趣性原则的有力保障。语言是一个充满活力、不断发展的开放性系统。语言本身的性质以及学生的自身特点要求教师在英语教学中遵循灵活性的原则，在教学方法、语言学习和语言使用方面做到灵活多样，富有情趣。

1.教学方法的灵活性

在英语教学史上曾经出现了许多种不同的教学方法和流派，如语法翻译教学法、视听教学法、交际教学法等，每种方法都有其自身的优势与不足，教师应该兼收并蓄、集各家所长，切忌拘泥于某一种所谓流行的教学方法。

英语教学包括语言知识和语言技能两个方面，语言知识包括语音、词汇、语法等内容，语言技能包括听、说、读、写等四个方面。而学习者的个体差异是千差万别的。因此，在英语教学过程中，教师要综合学生、教学内容以及教师自身的特点，创造性地开展多种多样的教学活动，充分体现教学方法的多样性和创新性，使英语课堂新鲜有趣，从而激发学生学习英语的热情，挖掘学生的潜能。教学的内容也要体现多样性的原则，教师不光要教英语，还要教学习方法。

2.语言学习的灵活性

教学方法和教学内容的灵活性可以有效地带动英语学习的灵活性。教师要努力改变学生以往单纯地死记硬背的机械学习方法，帮助学生探索合乎英语语言学习规律和符合学生生理、心理特点的自主性学习模式，使学生能够自我导向、自我激励、自我监控，将基本功操练与自由练习结合，单项和综合练习结合。

3.语言使用的灵活性

英语学习的关键在于使用，教师应尽可能多地用英语组织教学，如用英语讲解、用英语提问、用英语布置作业等，使学生感到他们所学的英语是活的语言。英语教学的过程不应只是学生听讲和做笔记的过程，而应是学生积极参与，运用英语来实现目标和愿望、体验成功和快乐的有意义的交际活动过程。另外，教师还可以通过灵活性的作业布置使学生灵活地使用英语。作业的布置应侧重实践能力，如让学生录制视频口语作业，让学生轮流运用英语进行主题汇报，陈述和评议时事、新闻等。

（四）宽严结合的原则

所谓的宽与严是指如何对待学生在学习过程中所出现的语言错误，也就是如何处理准确和流利之间的关系。外语学习是一个漫长的内化过程，学生从开始只懂母语，一直到最后掌握一种新的语言系统，需要经过许多不同的阶段。从中介语的观点来看，在各个阶段，学生所使用的语言是一种过渡性语言；它既不是母语的翻译，也不是将来要学好的目标语。这种过渡语免不了会有很多的错误。传统的分类方法将错误分为语法、词汇和语言错误。语法错误又被进一步分为冠词、时态、语态错误等。这种分类方法主要基于语言形式，而忽视了语言的交际使用。对于各种错误的分析，是第二语言习得研究的重要课题，因为通过分析这些错误，可以发现学生的学习策略，这些策略也正是学生产生这些错误的原因。第一个原因就是迁移。需要说明的是，许多人都想当然地认为迁移是外语学习者产生错误的主要原因，但是许多研究表明，由母语干扰所造成的错误在所有错误中所占的比例并不高。第二个原因是过度概括。学习者根据其所学的语言结构做出概括，然后去创造出一些错误的结构。

对待错误，有两种极端的做法是不可取的。一种是把学生的语言错误看得非常严重，"有错必纠"。这些人的理由是如果对学生的语言错误听之任之，一旦养成习惯就很难改过来了。结果在学生讲英语时，教师往往会抓住学生的错误不放。这样很容易挫伤学生学习英语的积极性，使他们十分害怕犯错误，久而久之就不敢开口讲话了。另一种极端的做法是对学生的语言错误视而不见。这些人的理由是熟能生巧，只要多说就能慢慢自我克服这些错误。这类教师强调的是学生语言的流利程度，结果导致学生毫不注意语言的准确性。

语言错误是学习英语过程中的必经阶段。"出错—无意识错误—出错—意识错误—出错—自我纠正错误"，是每一个英语学习者的必经之路，没有这个过程就不可能达到流利的程度。因此，教师要鼓励学生不怕出错，而且要耐心地倾听学生"错误"的英语，并给予纠正指导。一方面，教师要坚持用正确的语言熏陶学生；另一方面，当学生的语言错误影响到信息的传递时，要在鼓励的前提下进行必要的纠正，从而保证以后学生使用英语的准确性。也就是说，在英语教学中，教师应该采取宽严结合的方法：当以交流为目的时，对学生的语言错误采取宽容的态度；当以语法学习为目的时，则采取严格的态度。这样宽严结合，既保证学生具有扎实的语言基础，又有利于鼓励学生大胆使用英语。

宽严结合的原则实际上就是要正确处理准确和流利之间的关系。"没有准确，流利就失去基础"这句话是对的，但是这种说法只是强调了准确的重要性，正确的态度应该是"既要强调准确性，又要重视流利程度"。

（五）输入输出原则

所谓输入是指学生通过听和读接触英语语言材料，所谓输出是指学生通过说和写来进行表达的过程。心理语言学研究表明，输出建立在输入的基础之上。在此意义上，输入是第一性的，输出是第二性的。一方面，在学习英语的过程中，人们能理解的总是比能表达的要多。换而言之，人们所能听懂的，永远比能说的要多；而所能读懂的，又比所能写的要多。好比我们能欣赏小说、散文和诗歌等优秀的文学作品，但我们自己并不一定能写出来。另一方面，语言输入的量越大，语言输出的能力就越强。也就是说，我们听的东西越多，我们读的东西越多，我们的表达能力也会越强。

美国语言学家斯蒂芬·克拉申在他提出的"输入假设"中强调，只有当语言习得者理解语言输入时，语言习得与学习才能遵循自然顺序发展。克拉申的"可理解语言输入"包含以下三层含义：

第一，必须有一定的语言输入数量。

第二，语言输入应保持较高的质量，输入的语言必须纯正、地道。

第三，输入的语言应该为学习者所理解，即语言输入的难度既应适合学习者的水平，又应略高于学习者的水平，即达到所谓 i+1 的要求。

因此，教师在教学过程中应该注意以下几点：

1.尽可能多地让学生接触英语

教师要通过视、听和读等手段，多给学生可理解的语言输入，如声像材料的示范和提供贴近学生日常生活、适合学生的英语水平、具有时代特色的读物等。另外，学生学习的内容不要局限在课本之内，教师应该打破课内外的界限，帮助学生扩大语言接触面。

2.输入内容和输入形式的多样化

学生接触的英语既要有声音,又要有图像,还要有文字,而且语言的题材和体裁以及内容要广泛,来源多样化。比如,人们在日常生活中,每天都会接触到许多英语,如文具、衣服、道路标志、电器等上面就有许多英语,这些都可以帮助学生在无形中学到英语知识。另外,教师还要注意尽可能地为学生提供多种形式的输入内容。

3.在输入的基础上为学生提供实践活动

教师为学生提供的语言材料要符合学生的实际情况,要符合可理解性、趣味性与恰当性的要求。当然,学生仅仅依靠语言的输入是不可能掌握英语、形成综合运用英语的能力的,还需要通过口头和笔头的表达来检验和促进语言的输出。所以在增加可理解的语言输入的同时,学生也要在理解的基础上不断进行有效的实践活动,如模仿练习。

学习语言的确需要模仿,问题的关键在于如何模仿和模仿什么。如果只是机械地模仿,只注意语言的形式,那并不能保证学生能在生活中真正地使用语言。比如,只是要求学生注意语音、语调的准确,让学生死记硬背句型结构,而没有使学生真正了解这些句型结构的含义,从而导致学生并不能在课外使用英语。

英语教学的研究人员还提出,不仅要有"可理解的输入",还要有"可理解的输出"。从教学目标而言,对语言技能应该有全面的要求,但是从教学的方法来看,应该先输入,后输出。

第二节 高校英语教学现状、问题及对策

一、高校英语教学现状

(一) 大学英语课程设置

1.影响大学英语课程设置的相关因素

(1) 课程规划

设置合理、科学的大学英语课程,必须理解课程的含义,并进行课程分析和课程规划。从《大学英语教学大纲》到《大学英语课程教学要求》的发展遵循了课程理论发展

的趋势——现代课程理论转向后现代课程理论。现代课程理论认为课程结构应遵循泰勒原理。现代课程理论是一种基于行为科学的课程理论，它强调规划课程时应该遵循以下必要程序：①目标分析——调查社会生活、学科知识和学习者以确定教育目标；②开发研究——根据学校种类和不同学科的目标决定教育内容；③推广研究——在学校教育中实施具体化的课程；④评价研究——评价课程实施效果以检测课程的有效性并确定推广策略。这种线性的现代课程理论根植于经验主义、科技主义与实证主义的课程观，其宗旨在于预测与控制课程规划。后现代课程理论认为课程是在满足社会种种需求的过程中生成的，是不确定的。后现代课程理论以认知主义和建构主义为基础，强调课程的适应性、变化性和不确定性。每个学校新建立的大学英语课程体系应具有"适量"不确定性，这种不能预先决定的"适量"需要在教师、学生和社会需求之间不断协调。

（2）教学资源

教学资源也是影响大学英语课程设置的重要因素。教师是教学资源的核心，是教学的具体实施者。高素质人才的培养离不开高素质的师资队伍，一支高素质的师资队伍和相应配套的软、硬件设备是课程设置的关键。大学英语课程设置应该能够充分调动教师的积极性，使每个教师都可以发挥自己的特长和专业。只有开设教师和学生双方都喜欢的课程，教师的潜力才能得以发挥。课程设置应在充分利用现代信息技术的同时，合理继承传统教学模式中的优秀部分，发挥传统课堂教学的优势。

（3）课程评价

课程评价是大学英语课程教学的一个重要环节，全面、客观、科学、准确的评价体系对于实现教学目标至关重要。课程评价既是教师获取教学反馈信息、改进教学方法、保证教学质量的重要依据，又是学生调整学习策略、改进学习方法、提高学习效率和取得良好学习效果的有效手段。建立有效的课程评价体系，有利于在高校英语教学实践中形成积极、良性的信息反馈，为大学英语课程的设置提供现实的理论依据，从而保证大学英语课程设置能在最大限度上满足学生的学习需求，培养符合社会需求的英语人才。

2.我国大学英语课程设置的现状

随着高校英语教学改革的推进，各校已在不同程度上对大学英语课程设置进行了改革。大学英语课程是我国较早建立的公共基础课程，教学内容的设计始终贯穿着高校英语课程改革的主线。根据"分层教学、分类指导、实施个性化教学"的现代教育思想，各高等院校按照《大学英语课程教学要求》和本校大学英语教学目标制定大学英语教学大纲，设计出具有本校特色的课程体系，初步完成了课程体系建设。

（二）大学英语课程教材的选择

1.英语基础课程教学教材

大学英语基础教学阶段以培养学生语言应用能力为基本教学目标，教学内容以词汇、语法、篇章、语用为主。为避免语言文化脱离的语法教学，高校以意念功能派教学大纲为编写原则，编写以丰富的跨文化交际语料为内容的优秀的大学英语教材。

2.文化与跨文化交际类课程教材

此类课程的教学目的是通过学习跨文化交际知识和原理提高学生的跨文化交际能力。在教材选用方面，出于对语言难度、语言准确性和案例真实性的考虑，高校既要选用国内优秀教材，也要引进国外的原版教材。同时，高校还要在人类学著作、人类文化学著作以及国外阅读材料中遴选课外阅读材料。

二、高校英语教学存在的问题及对策

（一）高校英语教学普遍存在的问题

虽然高校英语教学逐步从以教师为主的传统教学过渡到以学生为主的交际教学，但是调查发现，高校英语教学依然存在一些值得关注的问题。

1.高校英语教师缺乏创新精神

当今社会的发展，对高校英语教师提出了更高层次的要求。教师在传道授业解惑的过程中必须不断创新以满足社会和教育工作的需要。然而，传统的教学模式和观念往往使少数高校英语教师故步自封，导致其在教学和科研方面停滞不前。

2.课堂模式单一枯燥

调查发现，一些高校英语课堂仍采用以教师为主的教学模式，课堂教学犹如设定好的程序：讲课和记笔记，缺乏师生间的互动交流。这种课堂模式和传统的教学方法忽视了学生的能动性，打击了学生学习英语的热情。其结果是，部分学生不能把所学应用到工作中，甚至需要参加培训班以提高英语运用技能，这无疑是教育资源的极大浪费。

3.过于强调应试成绩，忽视语言技能的培养

在就业市场上，许多用人单位都要求毕业生有大学英语四级或六级证书，对英语专业的学生则要求有英语专业四级或八级证书。这种市场需求使得一些学生把在等级考试中"拿高分"作为目标，以彰显自己的英语水平。这样急功近利的学习态度使得学生在英语学习中出现倾斜，进一步忽视英语语言技能和语言素养的培养。

高校英语教学中存在的问题不止这些，还有其他需要解决的问题。诸如，学校硬件设施不完善、没有良好的英语学习环境、评价体系不合理等，这些都是高校英语教学中存在的不可忽视的问题。

（二）高校英语教学改革的路径

传统的教学模式以教师为课堂主体，没有遵循学生的认知规律，没有调动学生的积极性和主动性，其教学效果往往事倍功半。因此，高校英语教学改革迫在眉睫。

1.转变教学理念，提高教师个人的素质

尽管高校英语教学正在逐步改革，但仍有相当一部分教师尚未形成新的教育教学理念，且教师的专业水平发展不平衡，差距较大。因此，高校英语教师应努力提高自身的专业水平和语言能力，综合运用多种教学方法和教学手段，以便能得心应手地使用教学语言。在提高教学能力的同时，教师还应积极研究吸收最新的国内外科研成果和英语教学理论，不断更新观念充实自己，练就现代教学的基本功。教师只有不断提高自身素质，才能搞好语言教学。

2.创造以学生为主体的课堂，提高学生积极性

目前，多数学生的英语阅读与写作能力较强，但听说能力较弱。究其原因，主要是没有一个良好的英语语言学习环境。在英语学习中，课堂所占比重较大，因此课堂中听说环境的营造至关重要。这就要求高校英语教师以学生为中心进行教学设计，合理安排教学各个环节，积极进行英语听说训练，提高学生的英语综合应用能力。

例如，在课堂导入阶段，教师可以用与课文相关的几张图片、一段视频、一个话题或几个问题引起学生的兴趣，进而鼓励他们对图片、视频、话题或问题进行讨论。讨论前要给出学生准备的时间，让他们整理思路，组织语言，对于基础较差的学生，可以允许他们双语并用。长此以往，既能锻炼学生的口语表达能力，又能锻炼学生的思维能力。

口语训练还可以通过双人对话、小组讨论、自由演讲、事物描述、话题辩论等方式进行；听力训练可以通过边听边写、内容复述或听力答题等方式进行。不管采用何种方法，其主导思想是鼓励学生参与课堂。教师的作用是对学生进行启发式教学，对其表现进行实时反馈，在提高其能力的同时，使其更有信心，更热衷于运用英语，参与课堂活动。

3.充分利用多媒体等教学资源

随着信息时代的发展，各种技术和设备层出不穷，这给英语教学带来了新的资源和挑战。各种各样的教学资源随处可见且内容丰富，这就要求教师了解并掌握各种新技术，进而找到合适的教学资源加以利用。例如，教师可以利用图片或视频形式的多媒体教学工具，或利用Power Point、Flash动画等形式的交互式教学资源。

第三节　高校英语教学策略

教学策略是指教师为达到预期教学目的、促进学生有效学习、实现教学有效性所采取的教学行动或教学行为。以往的大学英语课程教学策略与中学的教学策略大同小异，都是由教师主导、学生被动接受的传统模式。这种教学策略带来的后果是学生学习的主动性与积极性难以被调动起来，教学效果不尽如人意。而根据高校英语课程体系改革的要求，高校英语教学必须彻底摆脱这种陈旧的教学策略，要精心研究探讨高校英语新的、有效的教学策略。

一、教师的转变

教师必须以现代教育理念替代传统的教学理念，用新知取代旧识，指导其教育教学活动。教师要通过不断学习，全方位地提升教育教学能力，并能够在教育教学的过程中进行反思，在改进中反思，在反思中改进，进而提升自己的整体能力。对教师来说，整体上要做好以下两点：

（一）更新理念，用新的现代的教育理念来指导教育教学活动

教师要更新理念，用现代教育理念来武装自己的头脑。新的教育理念主要包括创新教育理念，坚持以学生为本的教育理念，全面发展的教育理念，强调学生主体性、个性化的教育理念以及开放性的教育理念。大学英语教师要与时俱进，用新的现代的教育理念来指导自己的教育教学活动，从而实现教师角色的根本转变。在教学中，教师要由知识的讲授者逐步变为学生学习行为的引导者和评估者，在教育教学的过程中以学生为本，重视学生的共性与个性，关注学生在英语学习中的现实需要和未来发展需要。教师要挖掘学生潜能，给学生提供展现自己的机遇和空间，使学生在英语基础知识、英语交际能力等方面获得均衡的发展，从而提高学生的英语综合应用能力，最终实现教学目的。此外，教师在教育教学过程中还要运用多媒体等多种现代教育手段，以提升教学质量与效果。

（二）在实践中不断提升自身的综合教学能力

高校英语教师的综合教学能力对最终的教学效果有着直接的影响。因此，教师应不断提升自己的综合教学能力。另外，在进行英语教学时，教师不仅要教会学生如何通过各类

考试，更重要的是教会学生用英语进行听说读写，用英语进行流畅的交流。这些更高的要求也需要教师不断提升自身的综合教学能力，并想方设法在教育教学中为学生创设语言交际环境，使学生的英语知识在实际应用中得以巩固和实践。

二、教学策略的运用

（一）学生之间的合作学习策略

具体做法为教师将学生分为若干小组，再给每个小组安排一个需要讨论的问题，小组内的学生通过讨论，共同得出结论，最后获得小组成绩。这种合作学习的策略可以为学生创设语言环境，帮助学生在团队氛围中学会互相学习，共同进步。

（二）口头表达策略

口头表达可以让每个学生都有机会表现自己，同时可以锻炼其口语表达能力。实践结果证明，在英语教学中实施口头表达这一教学策略可以提高学生的英语综合应用能力，特别是听说能力。

（三）增加教学活动中的师生互动策略

在教学过程中，教师要尝试增加教学活动中的师生互动。例如，教师可以提出问题，请学生表达自己的观点，根据学生的观点再提出新问题；学生也可以向教师提出问题，或就某一问题共同探讨。这种策略有助于调动学生的积极性和主动性，活跃课堂气氛。

（四）传统教学与网络学习相结合的策略

在传统的英语教学中，学生进行的是集体化的学习活动，这样的学习活动有助于培养学生的集体主义观念。而通过网络进行学习，学生可以根据自己的实际情况自由选择学习时间，享有最优的资源，可以学到更多的知识。所以在高校英语教学中，一方面要引导学生利用多媒体与网络进行自主学习，另一方面也要重视教师面授、学生间直接讨论的传统教学方式。

第二章 基于自主学习理论的高校英语教学

第一节 自主学习理论的内涵

在经济全球化背景下，英语作为国际通用语，越来越受到社会各界的关注，与之相对应的英语教学也愈发引起人们的重视。如何在英语教学中尊重学生的主体地位，激发学生的自主学习兴趣，挖掘学生的英语学习潜力，是当前英语教学面临的重要课题。自主学习主要是指在教师引导下，学生根据自身的学习特点、兴趣爱好，充分发挥自己的主观能动性，制订合理的学习计划，选取适当的学习目标，并构建科学的知识体系，且在学习过程中不断进行自我反省和调控，对学习效果进行反思与评价。因此，在英语教学中合理运用自主学习法，可以激发学生的学习兴趣，增强学生的学习信心，进而提高学生的学习效率。

一、自主学习的含义

对于自主学习的定义，众多学者给出了不同的阐释。最早开始外语自主学习研究的亨利·霍莱克认为自主是指对自己学习负责的一种能力。这是一种潜在的、在特定环境中可以实施的能力，而不是个体在此环境中的实际行为。

威廉·利特尔伍德认为自主学习主要是学习者独立做出选择的愿望和能力。所谓愿望是指学习者要对自己的学习负责的动机和信心；所谓能力是指既具备为自己的学习做出选择的知识，又具备执行自己选择的技能。而学习者独立行动的愿望取决于他们的动机和信心的程度；学习者独立学习的能力取决于他们知识和技能的程度。他从应用语言学的角度将自主学习划分为原自主学习和反应性自主学习两类。前者指学习者对确立的学习目标、方向所做的调控；后者指学习者为实现自己的学习目标对所采用的一系列自主学习策略进行调控。

菲尔·班森提出自主学习是一种独立学习的行为和技能，是一种对自己学习内容的控制。他认为，语言学习的自主性有以下三个方面：第一，自主学习是一种独立学习的行为和技能；第二，自主学习是一种指导自己学习的内在的心理动能；第三，自主学习是一种对自己学习内容的控制。班森还探讨了学习自主性的四个不同层次：个人、社会、心理和政治。个人层次上的自主性强调重视个人学习风格，强调个人选择高于集体选择；社会层次上的自主性则是在与他人合作和相互交流中进行的，是在个人的反思和实践中进行的；心理层次上的自主性突出学习者心理因素的重要性，与此同时，班森还强调学习者应具有良好的心理素质，为其学习负责；政治层次上的自主性则指自主性的形式是为某个政治目标或需要服务的。

国内学者也对自主学习发表了自己的观点。董奇、周勇认为，学生学习的自我监控，是指学生为了保证学习的成功、提高学习的效果、达到学习的目标，而在进行学习活动的全过程中，将自己正在进行的学习活动作为意识的对象，不断地对其进行积极、自觉的计划、监察、检查、评价、反馈、控制和调节的过程。这个过程主要可分为三大方面：一是对自己学习活动的事先计划和安排；二是对自己实际学习活动的监察、评价和反馈；三是在上面的基础上对自己的学习活动进行调节、修正和控制。

庞维国主张从横向和纵向两个角度来定义自主学习。从横向角度定义自主学习是指从学习的各个方面或维度来综合界定自主学习。如果学生本人对学习的各个方面都能自觉地做出选择和控制，其学习就是充分自主的。具体来说，如果学生的学习动机是自我驱动的，学习内容是自己选择的，学习策略是自主调节的，学习时间是自我计划和管理的，学生能够主动营造有利于学习的物质和社会性条件，能够对学习结果做出自我判断和评价，那么他的学习就是充分自主的。反之，如果学生在学习的上述方面完全依赖于他人指导或控制，那么其学习就是不自主的。从纵向角度界定自主学习是指从学习的整个过程来阐释自主学习的实质。如果学生在学习活动之前自己能够确定学习目标、制订学习计划、做好具体的学习准备，在学习活动中能够对学习进展、学习方法做出自我监控、自我反馈和自我调节，在学习活动后能够对学习结果进行自我检查、自我总结、自我评价和自我补救，那么他的学习就是自主的。如果学生在整个学习过程中完全依赖教师或他人的指导和控制，那么其学习就是不自主的。

二、自主学习的特征

（一）自主性

自主学习之所以被提出，是因为他主学习的他主特征给学习活动造成了极大的障碍。也可以说，自主学习就是针对他主学习的他主特征而提出的。因此，自主性成为自主学习最基本的特征,其他特征都是由此衍生出来的。如果没有自主性,即使有自主学习的其他特征,也不能称之为自主学习。这种自主性表现在学习前的自我设计,学习中的自我监控、自我管理和自我调节,以及学习任务完成后的自我评价、自我总结等;或者说表现在学习动机的自我激发、学习方法的自主选择、学习时间的自主计划和自主管理、学习结果的自我评判、学习环境的自主选择等。总之,自主学习的整个过程、所有活动都是学习者自主的。

(二)指导性

教师是学生学习的组织者、引导者。教师不仅能够调控自己的教学活动,而且能够对学生的学习活动进行调控。由于学生身心发展的特殊性和个别差异性,学生是否能够在教师的指导下进行学习活动的自我调控,是否能自主学习,取决于教师能否给学生提供自主学习的基础和方向;学生是否愿意自主学习,则取决于教师能否调动起他们自主学习的主动性和积极性;学生怎样自主学习,则要求教师根据学生认知结构的不同和学习水平的差异进行相应的指导。

教师在教学活动中的作用在于帮助学生梳理学习内容,安排适宜的学习活动,提供贴切的材料,维持某种滋养学习过程的心理气氛。教师的指导更注重支持而非批判,更注重理解而非控制,更注重真诚而非扮演角色。学生自主学习时,教师应注意他们的学习情况,及时了解学生自主学习的进程、已经掌握的内容以及存在的困惑,并有针对性地进行点拨、指导或者督促。教师还应根据掌握到的学习信息及时调整自己的教学思想、教学方案及教学进程,从中不断地吸取新知识,以便科学地引导学生发现问题、分析问题并最终解决问题,从而提高自主学习的有效值。

(三)有效性

自主学习从某种意义上说就是采取各种措施使自己的学习过程达到最优化,包括设置恰当的学习目标,选择学习方法,对学习要素进行最佳配置、最佳组合,调节自己的动机和情绪,从而使学习过程最经济、最有效。当然,学生的自我调节能力和水平不同,因此受自我调节影响的学习结果也是不一样的。一般来说,学生学习的有效性受自我调节水平的影响。

(四)开放性

在自主性学习中,学习的目标和过程都是动态开放性的。教师把选择权交给了学生,使学生可以根据自己的学习情况和自身爱好,选择不同层次的学习目标、学习任务和完成任务的方法,给学生得以施展个性的空间。

教师在实践教学过程中提供的背景资料可以是多角度的，可以是超越大纲和书本、与实践紧密结合的知识问题。教学要求也要有相当的弹性，要根据学生身心发展的特殊性和个别差异性，提出相应的要求。而且从教学目标、教学实施环节、教学调控到教学评价都体现开放性。自主学习改变了传统教学理念，一定程度上使教与学的关系发生了根本性变化，把学生的"要我学"转为"我要学"；教师也不仅是"知识传授者"，还是"研究者""组织者""促进者"。

（五）相对性

自主学习不是绝对的。就现实的情况来看，绝对自主或绝对不自主的学习都较少，学生的学习多数是介于这两极之间。也就是说，他们的学习在有些方面可能是自主的，而在另一些方面可能是不自主的。这是因为，就在校学生来讲，他们在学习的许多方面，如学习时间、学习内容等，都不可能完全由自己来决定，他们也不可能完全摆脱对教师的依赖。因此，不能把学生的学习简单地分成是自主的或是不自主的，而是应该从实际出发，分清其学习在哪些方面是自主的，在哪些方面是不自主的，或者说学习的自主程度有多大。做到这一点才可以针对学生学习的不同方面进行自主性的教育和培养。

（六）循环性和反馈性

一般认为，自主学习是一个循环的活动过程。巴里·齐默曼将这个过程描述为学习者首先对当前的学习任务设置目标，然后运用学习策略去实现目标，并对目标实现的过程进行监察。当发现学习情况与预期目标不符时，学习者会对学习策略和动机等进行检查和反思，并对学习过程进行调整，直至目标实现。齐默曼提出了学生自主学习的循环模式，该模式包括了四个相互联系的环节。其中，自我评价与监控是指学生根据对先前表现和结果的观察与记录，判断学习的自我效能；目标设置与策略计划是指学生分析学习任务，设置具体的学习目标及规划，或者为实现目标所选择的策略；策略执行与监控是指学生试图在结构化的情境中使用某种策略，或者在执行过程中监控其精确性；策略结果的监控是指学生把注意力集中于学习结果和策略过程二者之间的关系上，以确定某种策略的有效性。这四个环节相互联系，相互影响，构成了一个完整的自主学习过程。这个过程在学习中循环往复，形成自主学习的整体。

（七）探究性

在自主学习中，学生的探究往往基于好奇心。好奇心是人的天性，既能够产生主体的学习需求，同时又是一种学习动力。学生的探究不仅表现在学习主体对事物、事件的直接认识上，而且也表现在对文本知识（间接经验）的学习上。文本知识是前人或他人对客观事物的认识，并非学生自己的直接感官认识。因此，对文本知识的学习，实际上也是一种探究性的学习活动。在这个过程中，学生通过在适应性学习环境中的探究和交互来建构自己的知识体系，从而进行有效的学习，而不是主要通过教师的单独讲授或练习进行学习。学生在学习过程中，围绕核心问题在适应性学习环境中展开探究活动，通过丰富的课程资源获取可以帮助他们解释和评价科学性问题的信息，根据信息形成自己的理解，并对科学性问题做出回答。学生在探究和交往时，不仅要掌握所学的知识，更重要的是要掌握学习的方法，也就是要进行元认知技能的训练，同时也强调知识的运用能力以及与他人合作的能力。

三、自主学习的影响因素

（一）学习态度

态度是影响个人对特定对象做出行为选择的、有组织的、内部准备状态或反应的倾向性。态度可以是积极的，也可以是消极的；可以是接纳的，也可以是回避的；可以是喜爱的，也可以是厌恶的；可以是认真的，也可以是草率的。自主学习还可以称作自我定向学习，这一名称强调的是一种学习态度，即学生要对自己的学习负责。学习态度是指学生对自己在学习中应承担责任的认识，以及对自己学习能力的评价。学生如果没有正确的学习态度，自主学习就很难开展下去。研究表明，只有学生自愿为自己的学习负责，其学习效率才会提高。但事实上，并非所有的学生都愿意为自己的英语学习负责任，比如当成绩不理想时，他们往往过多地把责任推向教师、学校，甚至整个考试制度，而不能查找自身的原因。

（二）学习环境

学习者的自主学习还会受到学习环境的制约，学习者自由选择的程度取决于自主学习的资源与环境。齐默曼等人把影响自主学习的环境分为两类，即社会环境和物质环境。他们认为，在社会环境中，可供模仿的榜样以及同伴、教师、家庭成员的影响和帮助对自主学习具有重要影响；在物质环境中，信息资源以及学习场所对自主学习也有重要影响。因此，当面临复杂困难的任务时，自主学习者可以与他的同伴、教师交流与探讨，以寻求"适宜"的帮助，这种帮助不是过度地依赖他人，而是合作学习，更多的是启发与提示，使合作的双方均能受益。除了社会性支持外，社会、学校和教师、家长还应为学生的自主学习提供必要的物质支持。自主学习的学生为了完成学习任务往往会主动地寻求课本以外的信息。因此，教师在课上、课下都应为学生留出一定的时间供学生自主支配，以便学生根据自己的学习目标和计划，实施英语自主学习。

也就是说，家庭和学校是影响学习者自主学习的两大因素。家庭和学校能否为学生提供适宜的学习环境值得受到重视，因为这一大一小两个环境中的学习气氛直接对学习者的自主学习产生不可忽视的影响。这就要求学校、家庭以及教师、家长给学习者提供充分的可供选择的学习资源，创设有利于其自主学习的环境。从学校的角度来说，学生学习的场所不可局限于教室，图书馆、阅览室、宿舍等都可以成为其学习的场所，这就要求学校要为学生提供尽可能多的学习场所并配备相应的设施，不断完善信息资源库，使学生可以选择适宜的学习场所，借阅到所需要的图书资料。

（三）学习策略

朱迪斯·鲁宾将学习策略定义为学习者用来获取知识的具体技巧和手段。而汉斯·斯特恩则认为学习策略是用于指导更具体的技巧选择的更高层次的方法。丽贝卡·奥克斯福德认为学习策略是指学习者为了促进新知识、新信息的内化、储存、修正和记忆而有意识或无意识采取的各种计划、行为、步骤、方法和过程。虽然关于学习策略至今没有统一的定义，但研究者们至少已达成以下共识：学习策略既包括学习者的外部行为，也包括学习者内在的心理活动；学习策略是灵活的、不断变化的并能通过学习实践获得的。

不管国内外研究者们对学习策略进行怎样的定义，学习策略都是影响学生自主学习的一个重要因素。文秋芳曾经指出，任何运用得当的学习策略都有可能使学习者获得学习上的成功。国内外研究结果表明，学习策略的有效运用不仅有助于学习者增强学习责任感、提高学习自主能力、独立能力和自我指导能力，也有益于学习者的终身学习。因此，深入了解学习策略，加强课堂教学中的学习策略培训，将对于提高学习者的自主学习能力具有特别重要的意义，也必将对学习者的终身学习产生积极的影响。

（四）目标设置

自主学习本质上是一种自我调节的学习，亦即个体主动选择、调节、控制自己的学习的过程。要对学习进行自我调节，就必须有用于引导行为的参照点。道理很简单，如果个体不能够比较自己的当前行为状态和预想状态的话，就不可能对自己的行为进行调节。目标在个体的学习过程中就充当着参照点的作用，个体正是在既定学习目标的引导下，不断调控着自己的学习过程和学习策略。因此，目标被看成是自主学习的核心构成成分。

研究表明，个体为什么、如何、形成什么样的目标定向，对其自主学习的不同过程都会产生影响。例如，如果个体旨在学习和掌握学习材料，他们就会对学习过程进行监控，密切注意学习的进展情况，关注某些有效的学习策略（如深加工策略），以便使学习朝既定的目标前进。如果把目标定向在考试分数或在等级上超越别人，那么他们的监控过程在性质上就有可能不同，因为他们还要监控别人的学习情况和等级，试图调节自己的动机和认知来超越别人。采用趋向于掌握目标的学生与采用其他目标的学生相比，表现出更多的深度认知加工，更多地使用自主学习策略。

研究还表明，学生所设置目标的特征也会影响其自主学习动机。与设置远期目标的学生相比，设置近期目标的学生的自我效能和自我调控能力更强，因为近期目标的实现能够使学生更快地看到自己某些能力的增长，对他们的意志控制要求也更低。与设置笼统的目标（如"尽力去做"）相比，具体的学习目标对学生的自主学习具有更大的推动作用，因为这样的目标能够更明确地告诉学生该做什么、如何做，更容易使他对照目标来监控自己的学习进程。与设置太高或太低的目标相比，设置有一定难度而又可以实现的目标对学生的自主学习更具有推动作用。设置的目标太高，学生往往会对自己的能力产生怀疑，很难看到自己的进步，这样就会降低自我效能感，遇到学习困难时就会失去信心，应付乃至放弃学习；设置的目标太低，由于很容易实现，学生也看不到自己的进步和能力的突出方面，因而也不会增强自己的学习效能感。因此，为了促进学生的自主学习，教师应该注意为学生设置或者提倡学生自我设置具体的、近期的、能够完成而又有挑战性的学习目标。

此外，目标由个体自己选择或设置，还是由他人指定或分配，也对他们的自主学习具有一定的影响。

（五）教学模式

教学模式是在一定的教学思想或教学理论指导下建立起来的较为稳定的教学活动结构和活动程序。一般认为，完整的课堂教学模式包含如下因素：指导思想，即建立教学模式的思想认识、现实意义；理论基础，即教学模式确立的教育学、心理学理论或思想；功能目标，即对教学模式指导下的教学活动能在学习者身上产生什么样的结果的预期；实现条件，即促使教学模式产生作用并达到预期的功能目标的各种条件；操作程序，即对教学的逻辑步骤、各步骤完成任务的具体规定或说明；效果评价，即教学效果的评价指标和方法。由于指导思想、理论基础不同，教学模式有多种不同的表现形式。例如，著名的教学模式研究专家布鲁斯·乔伊斯把教学模式分为社会型教学模式、信息加工型教学模式、个别化教学模式、行为系统型教学模式。中国的高文教授把现代教学模式分为基于知识组织与表征的教学模式、基于问题解决的教学模式、基于情境认知与意义建构的教学模式、基于活动的发展性的教学模式等。

不同的教学模式对学生自主学习所产生的影响不同。一般认为，以教师为中心的讲授式教学不利于学生的自主学习。这是因为，在这种教学模式中，教师是知识的传授者，学生是知识的接受者，学生的"学"是围绕着教师的"教"进行的。它往往使学生处于被动、服从的学习地位，没有学习的自主权，学习的自觉性和积极性得不到发挥。

那么，什么样的教学模式有利于学生的自主学习呢？无论是人本主义心理学家还是建构主义心理学家都认为，有利于学生自主学习的教学应该以学生为中心，教师要由知识的传递者、灌输者转变为学生学习的组织者、指导者、帮助者和促进者。在整个教学环境中，教师应该利用情境、协作、会话等学习环境要素充分发挥学生的学习主动性、积极性。教学一般包括创设问题情境、学生自主学习、小组讨论、结果评价等环节。齐默曼指出，在培养学生自主学习能力的过程中，教师的作用不同于在传统班级中所起的作用。在传统班级中，教师强调学科内容目标，控制着学生学习的过程，调节着整个班级学习的步调。而在以培养学生自主学习能力为目标的班级中，教师会让学生监控自己的学习，要求学生以个人或小组的方式分析自己的学习材料，帮助他们设置目标、选择策略，让学生自己负起学习的责任。教师教给学生自主学习的策略，鼓励学生自学。

（六）教育技术

自主学习强调以学生的学习为中心，学生是信息加工的主体，是知识意义的主动建构者；教师是课堂教学的组织者、指导者，是学生建构意义的促进者；教学媒体是促进学生自主学习的认知工具；教材不再是唯一的学习内容，学生通过其他途径（如图书馆、网络）也能获取大量的学习材料。近年来，网络技术、多媒体技术在英语教学中的应用日益广泛，教学内容日趋网络化，计算机辅助教学的地位越来越重要，课堂上的师生交流更多地为人机对话所取代，学生可以超出课堂教学的限制，根据自己的实际情况和需要，有针对性地选择学习内容和材料，自主安排学习时间和地点，自行安排学习计划，随时提出学习中的问题并能够得到及时的帮助和解答。可以说，现代教育技术的发展，为教师自主教学和学生的自主学习提供了更多的机会。

第二节 高校英语教学中自主学习能力的培养

一、引导教师进行合理的角色定位

教育部门是教学工作的总指挥，决定着英语的教育模式，而不同的教育模式必然会影响到一线教育工作者自身的定位。中国相继出现过两种教育模式，即应试教育和素质教育。在这两种不同的教育模式下，英语教师的角色定位是截然不同的，而英语教师不同的角色定位必然会对其教学理念、教学方法和教学策略产生不同的影响，这种影响又会直接作用于学生的英语学习过程。因此，教育部门必须发挥其应有的指导作用，从宏观层面上积极推进教育模式的转变，即从应试教育向素质教育转变，使学生从被动学习向自主学习转变，以引导英语教师对其在英语教学中扮演的角色进行重新审视和合理定位。

为了适应自主学习的英语课堂教学环境，教育部门有责任引导英语教师改变其传统的教育观念，使其客观地认识自身角色。英语自主学习课堂教学模式需要教师把英语教学更多地视为一个学生主动进行言语实践活动的过程。在教学中，教师应帮助学生确定学习目标、选定学习内容、选择学习方法和技巧、监控学习过程和评估学习效果。因此，在英语自主学习课堂教学模式中，教师的角色是促进者、协调者、组织者、评价者和资源库。学生是负责自我语言学习管理的学习主体，是自己学习目标的设置者，是语言实践个体活动、双人活动、小组活动、师生活动的参与者，是不同学习方法的体验者，是学习结果、学习策略和方法、学习进步等方面的自我评估者，是语言知识的主动建构者。学生不再是外部刺激的被动接受者和被灌输的对象。

二、帮助学生开发自身潜能，形成自主习惯

（一）自主阅读

自主阅读是自主学习的基础。古语有云："读书破万卷，下笔如有神。"充分阅读对于知识的获取、理解和感悟都是分外重要的。现代心理学则认为，阅读是一种调动各种感觉和思维的复杂心理活动，在阅读中个体的思维、想象、记忆都得到了发挥，个体的动机、情趣、兴趣等心理因素都直接调节着阅读过程。总之，阅读是一门在读中感知、读中感悟的综合课程。对于学生而言，随着识记单词数量的增多，阅读成为其获得知识的主要途径。兴趣是最好的老师，学生进行自主阅读需要自身兴趣的引领，家长和教师的帮助也不可或缺。自主阅读能使阅读的工具性和人文性得到统一，培养学生语言知识技能的同时提升其素质。在英语课堂教学中，学生自主选择内容进行阅读，在教师的引导下深层理解、回味领悟。在轻松愉悦的阅读环境中，学生的自主阅读兴趣得到培养，进而发展成自主阅读的习惯，促使其掌握较为广博的知识，这就使自主学习有了可能性。

（二）自主思考

自主思考是自主学习能力形成的前提。当今社会，教师需要给予学生行为上的尊重和思想上的解放。学生的知识储备有限，思维受到既有知识的限制，教师在教学过程中要促使他们运用发散思维，形成自己独到的见解和想法。同时，教师也要对他们进行科学有效的指导，只有教师充分发挥了促进者的作用，才能使学生对语言知识有更深刻、更全面的理解，最终使学习变被动为主动。孔子云："学而不思则罔，思而不学则殆。"在自主思考的基础上，学生会对万千的事物产生探索欲，这就使自主学习有了必要性。

（三）自我效能感

自我效能感是自主学习能力提升的催化剂。当学生得到认可时，其会产生充分的成就感，这就是自我实现完成的表现。在得到家长的赞赏和教师的表扬时，学生的积极性会被完全调动起来，自主地去做被肯定的行为。在日常生活中，如果学生经常体验成功、有正面积极的榜样、容易受到激励，就会产生较高的自我效能感。课堂是学生学习活动的主要场所，因此课堂发言对其自我效能感有着重要影响。阿尔伯特·班杜拉认为，情绪和生理状态也会影响自我效能感的形成。在课堂中，学生亲身的感受、替代性经验和教师的言语劝说都会唤醒其情绪。在开放、自由、和谐的课堂环境中被唤起的是积极向上的情绪，有利于学生提升自我效能感；相反，压抑、苛刻的课堂环境必将降低学生的自我效能感。

三、锻炼学生的创造性学习能力

创造性学习是在"创造性思维"和"发现学习"等的研究基础上发展而来的，创造性学习与传统的维持性学习相对。创造性学习是学生对当前输入的知识信息进行加工、处理、重组，并能够对其进行改变、更新的学习，更适用于开放的学习环境和宽广的知识范围。

首先，创造性学习强调学生在学习过程中的主体性地位，学生具有能动地安排自己学习、掌控自我学习的能力，有独特、系统且高效的学习方法。富有创造性的学习习惯的养成表现了学生能动的自身组织和管理的能力。一个人学习的习惯是否具有创造性，往往与他的知识结构和智力水平有着较为直接的关系。创造性的学习习惯可以保证高效的、具有创造性的学习方法的持续使用，从而形成自己稳定的、个性鲜明且具有创造性的学习风格和学习方式。因此，要使学生的自主学习能力可持续发展，就要让学生养成进行创造性学习的习惯，使其在学习过程中学会自我创设富有创造性的学习环境，激发学习的兴趣和动机。

其次，创造性学习倡导学生在学习中学会学习，学会并使用各种学习策略对知识进行积极的探索性学习，对学习结果主动进行反思，这是训练学生进行创造性思维的根本。在英语自主学习中，学生最首要学习的是学会学习、学会自我管理和自我控制，因为形成一种独立学习的方法是比获得知识更为重要的事。这就需要学生能够熟练掌握和灵活使用各种学习策略，也就是说，学生必须懂得自己要学什么、为什么要学、用什么方法学、在何时何地学习效果最好、学习的结果和预期要达到的目标是什么等，并在学习和语言实践中不断地进行反思、评价、总结，形成新的知识结构。

最后，创造性学习要求学习者善于运用良好的英语语言思维习惯，主动找寻独特视角和独特方法来发现问题和解决问题，并勤于总结，以此建立创造性的知识结构和创造性的个性特征，从而逐步具备创新性能力。要培养学生的创新性思维能力，教师在教学中应注意对学生进行多种思维训练，以促进他们的创新性思维能力的发展。

四、培养学生的知识运用能力

（一）重新定位教学目标

教学目标在教学中具有导向功能，是呈现教学内容和实施教学过程的前提。教学目标的合理设置往往比教学内容的组织和教学过程的实施显得更为重要。为了培养学生的知识运用能力，教师应该重新定位英语教学的目标，突破以掌握系统的英语知识或培养学生的英语逻辑思维能力为导向的目标，以现实生活和现代社会的需要为出发点和立足点、以培养运用英语知识的实践能力为切入点确立英语教学目标，并注重学生综合实践能力的培养，以促进学生综合运用各门学科知识解决问题。为了唤醒学生运用知识解决实际问题的意识，教师在制订英语教学目标的过程中，要充分考虑语言知识与学生实际生活的关联、这些知识在实际生活中运用的范围和条件，以及提供和选择什么样的活动能够有助于学生顺利有效地实现知识的运用。在教学中强调英语教学目标以学生知识运用能力的培养为基本导向，并不是忽视学生系统掌握知识能力的培养，而是在教学中实现知识的学习与实际运用的有机统一。此外，英语教学目标的设置应该基于英语自身的性质和内容、学生的知识系统而呈现自身的特色，应该充分考虑语言知识在学生知识运用能力发展中所具有的独特价值。

（二）转变教学内容的呈现方式

英语教学目标的重新定位需要教师转变教学内容的呈现方式。教师的工作并非只是传授信息，甚至也不是传授知识，而是以陈述问题的方式介绍这些知识，把它们置于某种条件中，并把各种问题置于未来情境中，从而使学生能在答案和更广泛的问题之间建立一种联系。由此可知，教师在教学的过程中必须以实际问题情境为依托呈现教学内容，为学生的知识学习和知识运用提供问题情境支撑。问题情境必须来源于生活并且与学生的日常生活息息相关，具有真实性；必须满足学生已有的发展水平和学习内容的需要，具备一定的复杂性；必须包含知识运用的实际条件；必须有助于营造良好的学习合作氛围，调动学生交往与互动的积极性；必须具有某种程度的不确定性，引导学生进行思考与探索。例如，教师在教学的过程中以口头语言为载体呈现某个故事、以文字符号为载体呈现一则案例等，故事或者案例中的事件必须具有真实性，从而激发学生探讨解决问题方法的积极性；故事或者案例中的问题的难度必须适中，符合学生的最近发展区，从而激发学生学习的兴趣。

（三）重视教学实践活动的开展

教学实践活动的开展有助于学生深化对所学知识的理解，并将知识运用于实践活动中。教师应该根据英语教学内容的性质、结构等特点有意识地组织学生进行实践活动。如面对实践性较强的内容时，教师应该先向学生讲解课程内容的主要目的、重要作用、实践步骤等技能性和实用性的知识，然后组织学生在相应的语言环境中进行体验，并根据不同学生在实际交际中遇到的不同困难进行有针对性的指导，从而激发学生的学习兴趣，提高其交际能力，使其获得后续学习的持续动力。面对实践性不强的教学内容时，教师应该积极组织学生进行小组讨论，交流自己的某些不解和困惑，从而使学生获得缺失的知识点和有利于自己理解知识的方法。此外，教师还应该鼓励学生参与社会实践活动，让学生充分感受知识的作用。获得丰富的直接经验，不仅有助于学生更加容易地理解与社会实践活动相关的抽象知识，还有利于学生将学习所得的知识运用到实践活动中，从而促进学生知识运用能力的培养。

五、充分利用英语自主学习资源

霍莱克指出，给学生提供一个他们能自主支配自己学习的机构是自主学习要具备的两个前提条件之一。学校建立英语自主学习中心，能够为学生营造良好的英语学习氛围，为学生自主学习创造条件，同时有效改善学校学生多、教师少，有限的课堂操练和教科书上的语言输入满足不了学生的自主学习需要的不足。

要想充分发挥英语自主学习中心的作用，学校还要从英语授课教师中精选出英语学习中心的负责教师，并从学生中选拔一些英语基础好、学习能力强、热爱英语的学生，组建专门的英语自主学习中心负责小组。这些教师和学生能够了解学生的英语学习特点和他们感兴趣的话题及相关领域。他们精选的学习内容、组织的活动会更贴近学生的生活，能充分调动学生参与的积极性。英语自主学习中心负责人员应以讲座等形式教会学生使用中心的各种设备和资源，引导学生充分利用自主学习环境，使自主学习中心的资源物尽所用，发挥出价值。英语自主学习中心的负责人应定期安排中心的学习内容和活动日程，比如定期举办英语学习讲座、英语演讲比赛、英语晚会、研讨会、英语角、学习讲座、文化沙龙等来满足不同背景的学生的不同需求，增强他们的学习兴趣，同时拓宽课外英语学习的内容，锻炼自己的言语技能。管理人员要有意识地将自主学习中心的学习内容与课堂教学内容有机结合，为学生提供适当的帮助。英语自主学习中心还要准备一些英语读物，如《21世纪英文报》《空中英语教室》《英语沙龙》及英语读物简译本和原版英语书籍等，供不同英语水平的学生阅读。英语自主学习中心要为学生提供计算机等现代外语学习设施，定期播放学生喜欢的英语原声电影和感兴趣的英语电视节目等，尽可能让学生在目的语的文化氛围中熟悉目的语文化，提高交际能力。

六、构建英语自主学习的保障体系

传统的英语教学策略正在经历由行为主义理念到建构主义理念的转变，教师和学生都需要在新形势下做出积极调整，适应强调自主学习的教学模式，因此有必要构建英语自主学习保障体系。

（一）加强自主学习的过程监控与效果评估

建构主义学习理论中的主动建构是英语自主学习模式的本源，而积极主动的自主学习模式也确实是英语教学改革中推广的学习模式。然而自主学习并非独自学习，脱离了教师、合作者、教学材料等因素而独立存在的绝对的"自主"学习模式，是无法实现语言能力的持续发展的。在自主学习过程中，教师不应该，也不会放弃在学生的自主学习过程中作为组织者的地位。自主学习作为英语教学的有机构成部分，也属于教师进行教学监控与评估的范围。教学监控与评估一直是教学过程的重要环节，可以帮助教师了解教学整体状况，接收来自学生的数据反馈，对教学工作进行针对性的调整；也可以帮助学生对学习进程进行阶段性的总结，弄清症结所在，明确学习方向。

若从监控的实施主体来看，对自主学习进行的教学监控可分为学生自我监控和教师监控两大类。在建构主义教学理念中，学习者在自主学习过程中具有中心地位，对于自身的自主学习状态拥有最直观的了解，可以进行主动、适时的策略调整。但是学生在自主学习过程中往往还不具备完善的自主学习策略，无法及时做出最为正确的学习策略选择。在这种情况下，教师作为各个教学环节的组织者可以提供最为直接、有效的帮助，实行对学生自主学习过程的教师监控。学生自我监控和教师监控成为自主学习过程中两种互为补充的监控类型，为了解学生自主学习的进程提供直观的记录与及时的支持。此外，互联网和局域网等网络技术手段也为两种监控方式提供了技术支持，提高了监控效率，为自主学习策略的调整提供了数据支持。

测试与评估是教学过程最常见的监测手段之一，为教师提供了可用于改进教学安排、提升教学水平的反馈信息，是教师了解学生不足、改进教学方法、持续进步的信息支持。传统英语教学与其他很多课程没有区别，主要采用了终结性评估的方式。语言课程的自主学习过程具有动态性、多变量的特点，仅凭终结性评估方式不足以全面反映自主学习能力的变化。因此，对自主学习过程的评估应该将重心放在对于自主学习动态过程的关注，采用形成性评估的方式反思、监测学生自主学习的效果和进展情况，促进他们自主学习能力的形成。

（二）培养积极的自主学习态度和高效、完善的自主学习策略

学生在自主学习的过程中，会主动建构意义，把握各门课程知识体系的客观规律，与此同时，学生需要建构的还有自主学习的根本目标——持续发展的自主学习能力。对自主学习能力的建构产生直接影响的是学生的自主学习态度与策略。积极的自主学习态度和高效、完善的自主学习策略可以有效提高自主学习的效能，进而从根本上提升自主学习能力。

自主学习态度和策略的作用不可小视，在自主学习各个环节中培养学习者积极的自主学习态度和高效、完善的自主学习策略也有不小的难度。第一，学习者在自主学习的过程中容易出现学习态度和学习目标及学习动机不匹配的情况。在考试、出国、就业等客观需求的刺激下，许多学生都有非常明确的学习目标和学习动机，但在自主学习的过程中由于没有有效的学习模式和学习规划或者受其他客观条件的限制，有些学生可能会有较低的自主学习的自我效能感，无法树立起积极的自主学习态度。在这种情况下，教师应充分了解学生的个性化学习目标与学习动机，加强与学生的交流，与学生合作制订其个人规划，协助学生提升自主学习的自我效能感，继而树立积极的自主学习态度。第二，自主学习策略的构成因素复杂，自主学习策略的综合培养也有不小的难度。自主学习策略可以界定为自主学习过程中学习者要使学习能力持续发展所需的一种固化在头脑中的信息利用机制。对于英语自主学习而言，这种策略就是自主学习过程中对学习者学习效果的内在保障因素。学生学会了在学习中充分运用学习策略，就具备了可持续发展学习能力的可能。

七、创设自主学习的教育环境

师生关系是影响学生自主学习的一个重要外部因素。师生关系的好坏会直接影响学生自主学习效率的高低以及学生是否会主动寻求教师帮助。和谐的师生关系是建立在互相信任、互相尊重、互相理解、互相配合的基础之上的。因此，英语教师必须尊重学生，树立平等意识，走到学生中间去，给学生一种亲近感，并要善于捕捉学生的闪光点，让他们在尊重中得到信心，在肯定中获得激励。

另外，学习的氛围、学习的工具等也属于自主学习的环境。首先，教师在英语教学中要注意给学生营造英语学习的氛围，如通过情境交际、情境对话、英语话剧等活动，来为学生创造更浓厚的英语学习的语境和情境。这些情境虽然是"创造"出来的，不能等同于真实的英语语言环境，但至少可以激发学生的学习兴趣和进行英语交流的动机，使学生体验到说英语、用英语的乐趣，以此提高学生运用英语的能力。其次，在英语教学过程中，教师也要善于利用多媒体等现代化的教学手段，使教学手段多元化、多样化。教师可以将现代教学手段和传统教学手段相结合，使学生对课堂教学不再感到枯燥，反而会感受到轻松和有趣，这样学生的注意力容易集中到教师的课堂教学中来，从而提高学习效率。最后，

教师在英语课堂教学中，要为学生营造轻松活跃的课堂氛围，尽量调动每一个学生参与课堂活动的积极性。教师上课的激情会传染给学生，学生也会受到教师的活力的感染而更加积极地、活跃地配合教师。

此外，学生与同学的关系也是自主学习环境的一部分。学生要和自己的同学、同伴搞好人际关系。在这一方面，除了学生自己的努力外，教师也要有意识地促进学生与学生之间的交流，如在英语课堂教学中，多设置一些讨论、交流的学习活动，让学生有机会和同学交流，并且是用英语交流。这样，通过英语架起多边互动的桥梁来增进师生之间、生生之间的相互了解，使师生关系、生生关系融洽、和谐、平等。

第三节　基于自主学习理论的高校英语教学模式

一、协作型教学模式

（一）协作学习的内涵

1.协作学习的含义

协作学习最早兴起于20世纪70年代，并在随后的十几年时间内得到教育界的关注。在英语中，协作指的是一种状态，而协作学习除了指以固定人数的小组为基本单位进行合作性活动、以完成某一指定任务为目标的学习形式外，还强调组内成员之间存在"正互赖性"，即任务的完成依赖每名成员的贡献，协作过程中强调成员之间的互动，同时必须通过互动进行共同的知识建构，帮助学习者增强对知识的理解，提高其参与的积极性，提升深度思维能力，并培养学习者的团队意识和合作精神，以及沟通或表达能力等。

2.协作学习基本要素

（1）协作小组

协作小组是协作学习模式的基本组成部分，小组划分方式的不同，将直接影响到协作学习的效果。

（2）成员

成员是指遵循一定的原则和策略分配到各学习小组中的学习者。对于成员的分配要统筹兼顾到学习者的诸多因素，譬如学习者的认知结构、认知风格、学习成绩、认知方式等。一般采用互补式会更有助于协作学习效果的提高。比如，将学习成绩好的学生和学习成绩差的学生在分组时进行组内搭配。采用这种分组方式不但可以提高学习成绩差的学生的学习成绩，而且学习成绩好的学生在辅导学习成绩差的学生的过程中也会实现对知识的融会贯通。

（3）辅导教师

在协作学习过程中辅导教师起着督导的作用。正是有辅导教师对协作小组的组织和调控，才使得协作学习的效率和效果得到了充分保证。这种学习模式对辅导教师的教育思想、教育观念提出了更高的要求，也就是说要由传统的以"教"为中心的教育理念向以"学"为中心转变，同时还要实现二者的最优结合。

（4）协作学习环境

协作学习要在一定的环境下进行，主要包括组织环境、空间环境、硬件环境和资源环境。组织环境指成员的组织结构，包括小组划分、成员角色的分配等。空间环境指协作学习的物理场所，如班级课堂、网络环境等。硬件环境指协作学习所需要的硬件条件。资源环境指协作学习所利用的计算机、网络等资源。

（二）协作学习的方式

1. 设计

设计是注重学习者整个学习过程的一种学习模式，它重在培养学习者的综合能力水平。首先，由教师负责给出设计的主题；其次，学习者充分运用自己所学的知识和交流能力，与小组成员之间相互帮助与合作，共同完成任务；最后，在整个协作学习的教与学过程中，学习者通过与教师和合作者之间的相互沟通与学习，从中产生新的思维方式、新的学习方法，从而促进整体能力的发展。

2. 伙伴

协作者为了达到共同进步和完成任务的目的，彼此之间需要从对方那里得到帮助并学习对方好的学习方法，因此伙伴之间要就彼此的问题多交流以及提出自己的想法。

当然，协作学习的伙伴可以是人，也可以是计算机。

3. 辩论

辩论分为组内和组间两种，以辩论的方式进行协作，可以使协作者之间达到充分交流的目的，还可以培养学习者的批判性思维和质疑的态度。开展辩论需要教师先确定主题，围绕这个主题，小组成员可以先确定自己的观点和态度，然后通过网络和参考文献等方式查找相关资料和数据来支持自己的观点。教师可以充当裁判的角色，根据情况确定正反方，双方围绕确定的主题进行辩解和讨论。在此过程中，双方各自阐述自己的观点，并对对方的观点进行辩驳和质疑。在讨论和辩论的过程中，学习者主动地建构了自己的知识结构，使自己的观点更清晰。

4.合作

多个协作者共同完成某个学习任务，在任务完成过程中，协作者之间相互配合、相互帮助、相互促进，或者根据学习任务的性质进行分工协作。不同的协作者对任务的理解不同，各种观点之间可以互相补充，从而圆满完成学习任务。

5.竞争

竞争是指两个或更多的协作者参与学习过程，并有辅导教师参加。辅导教师根据学习目标与学习内容，对学习任务进行分解，由不同的学习者"单独"完成，看谁完成得最快、最好。辅导教师对学习者的任务完成情况进行评论，其他学习者也可以发表意见。各自任务完成后，就意味着总任务的完成。竞争性模式有利于激发学生的学习积极性与主动性，但易造成因竞争而导致协作难以进行的结果。因此，教师要让学习者明确各自任务的完成对保证总目标实现的意义非常重大，即学习者是在竞争与协作中完成学习任务的。竞争可在小组内进行，也可以在小组间进行。

6.问题解决

该种模式需要首先确定问题。问题的种类多种多样，其来源也不相同。在问题解决过程中，协作者需要借助虚拟图书馆或互联网查阅资料，为问题解决提供材料与依据。问题解决的最终成果可以是报告、展示或论文。问题解决是协作学习的一种综合性学习模式，它对于培养学生的各种高级认知能力和解决问题的能力具有明显的作用。

7.角色扮演

该种模式是让不同学生分别扮演指导者和学习者的角色，由学习者解答问题，指导者对学习者的解答进行判别和分析。如果学习者在解答问题过程中遇到困难，则由指导者帮助学习者解决。在学习过程中，他们所扮演的角色可以互相转换。通过角色扮演，学习者对问题的理解将会有新的体会。角色扮演的成功将会增加学习者的成就感和责任感，并可以激发学习者掌握知识的兴趣与积极性。

二、PBL教学模式

（一）PBL教学模式的概念

PBL是Problem-based Learning的简称，被译为基于问题的学习或问题本位学习。对于PBL的内涵，很多人有不同的看法。唐纳德·伍兹认为，PBL就是一种以问题驱动学习的教学模式，在学生学习知识之前，先给他们一个问题，提出问题是为了让学生发现在解决某个问题之前必须学习一些新知识。乔治·埃尔顿·梅奥等人认为，基于问题的学习是先创设一个有意义的现实情境，并为他们解决这个情境中的问题提供相应的资源，及时给予适当的引导和恰当的指导，使他们在解决问题的过程中获得知识，增强解决问题的能力。在霍华德·巴罗斯和门·凯尔森看来，PBL既是一种课程，也是一个过程。说它是一种课程，是指它由经过精心设计的问题组成，而这些问题的解决不但使学习者获得了知识，而且培养了解决问题的能力、自主学习策略以及团队合作意识；说它是一个过程，是指它在过程中所采用的方法是解决问题或应对生活和事业中所遇到的挑战的系统方法。

PBL教学模式具有以下几个特征：

1.以学生为中心，教师参与并起辅助作用，这一点也符合新课程标准对我国英语教育的要求。

2.以现实世界中的问题为起点，有利于学生理解，更能引起学生的兴趣，使学生更快地进入角色。

3.学生以小组合作的形式参与教学，不仅在小组里各抒己见，还可以参考他人意见引起自己思考，最终得到更好的结果。

（二）PBL教学模式的流程

1.创设情境，呈示问题

教师在了解课程和教学标准的基础上，灵活采用多种方式为学生选择适当的问题，如查阅课程资料、报纸杂志或者与同事讨论等。在为学生选择问题时，教师需要兼顾学生的性格特征和学习需求等因素，思考呈现问题的最佳方式，以吸引学生进行自主学习。此外，教师还需要注意问题情境的趣味性，激发学生的兴趣，使学生在生动有趣的问题情境中与他人进行交流、探索，分享学习体验。

2.划分学习小组

小组的划分主要有两个依据：一是学生的认知水平，二是学生的兴趣爱好。具体而言，教师通常先将多个可供选择的问题发放给学生，然后学生根据自己对问题的兴趣自由地结成小组。需要注意的是，分组有同质分组和异质分组之分。所谓同质分组，是指把学习风格、认知水平相同或相近的学生编成一个小组；而异质分组则是指把学习风格、认知水平相差比较大的学生编成一个小组。在PBL教学模式中，教师应当尽可能地让学生自愿组合，为学生创设较为自由、舒适的合作氛围。

3.分析问题

这一环节的目的是让学生对问题情境有一个清楚地理解，也就是让学生清楚地看到自己已掌握的知识对问题的解决作用，并进一步了解需要继续学习的知识。教师在将初始问题呈现给小组后，学生首先会激活头脑中与此问题相关的已有知识，并根据已有知识思考，以便对这个问题的"理论"进行建构和解释。当其中一个学生调动起自己的已有知识的时候，这些知识可能会激活另一个学生的已有知识。这样，知识将会被逐渐激活，而一旦集体的知识被激活了，学生就会开始详细运用他们已经掌握的知识，并尝试在已有知识与问题中所描述的现象之间建立起桥梁。于是，合作便由此开始。在学生对问题获得了一个较为全面的认识之后，他们便能科学、合理地对各种信息资料进行分类，给组员分配任务。

4.收集并共享资源

在PBL教学模式的分组中，学生一般都是3个或5个人组成一个小组，来共同讨论解决当前的问题，并讨论还需要收集哪些资料、学习哪些知识。当所有的资料都收集好以后，小组就会分散然后组与组之间交换组员，组成新的小组。这样他们就可以在新的小组内共享信息。

5.选择并陈述问题的解决方案

学生经过讨论选择出最佳的解决办法后，就要向大家说明为什么他们认为这是最佳的解决方案。对此，他们可能会用到概念地图、图表、演示文稿等多种形式，向大家展示他们对问题的思考和为什么选择这一解决办法。当然，具体选择什么方式，学生可以根据自己的需要和自己在问题情境中的角色来确定。

6.反思

活动任务完成以后，学生要总结他们在解决问题的过程中，哪些地方做得好、哪些地方做得不够好，并讨论以后在解决该类问题的过程中怎样做得更好。同时，他们还要讨论在解决问题的过程中遗留下来的问题。

（三）PBL教学模式的应用优势

以问题为核心，以学生小组为单位进行自主学习、合作学习的PBL教学模式，在教学方法上，主张根据不同的教学内容和教学目标，对多种教学方法进行优化组合；在教学过程上，主张因材施教，以发展学生的个性；在课程衔接上，强调单元与单元之间的相互渗透与综合；在教与学方面，要求教师角色与学生角色进行根本性的转变，教师由"真理"的传授者转变为课前的设计者、课程实施中的指导者、课后的反馈者和反思者，即教师要从传统教学的中心和知识的源头，转变为学生获得知识的策划者、指导者和助手。教师的主要工作体现在课前充分设计问题；课堂以学生为中心，指导学生积极、有效地学习；课后对学生课堂表现进行分析、总结，并针对课堂上出现的问题进行反思、探讨，然后重新设置下一单元的课前问题。学生由原来被动的知识接受者转变为独立、自主的学习者。

以小组相互协作进行学习的PBL教学模式也特别适用于水平各不相同的学生。不同水平的学生容易从不同的视角看待问题，提出不同的解决问题的方法。共同参与讨论也是一个取长补短的过程，它要求合作者学会倾听他人的想法与意见，以研究解决问题的对策。学习者相互协作、共同协商解决问题的讨论过程，是用英语外显先前知识的思维过程，是锻炼学习者英语听、说能力的绝好机会，是彻底解决课堂辩论中的"冷场""答非所问"

和"自顾自讲"英语现象的可行之举。

而且，PBL教学模式要求学习者和实施者对学习过程和教学过程进行及时反思、总结与评估。学生通过不断地反思、总结，能让新知识与学过的知识相互联系起来，并能逐步提炼出概括性的知识，也能理解如何把以前学过的知识应用到新的学习任务中去，以形成创新意识。为了提高课堂教学质量，更好地完成教学任务，教师必须对自己的教学实践活动进行反思，既要洞察和了解学生的学习动态和学习成效，又要对每次课堂教学活动进行适时记录、反思，以便课后不断完善下一次课前的情境问题。教师课前情境问题的设置一方面要做到能够吸引并维持学生的学习兴趣，促使他们积极地寻找解决问题的方法；另一方面，要让学生在多途径地、自主性地收集解决问题资料的过程中体会到收集、辨别、整理资料的过程也是获得新知识的思辨过程。当学生一次一次地致力于寻找解决问题的不同方法时，他们就会养成良好的自主学习习惯，并最终成为自主学习的实践者。

三、角色扮演教学模式

（一）角色扮演的定义

关于角色扮演的定义，不同的学者有不同的观点。埃利奥特·阿伦森和卡尔·斯密斯认为角色扮演是学生在一定的情境中扮演一定的人物的活动。保罗·斯顿等人认为，在角色扮演的活动中，给学生分配一个特定的虚拟角色，他们即兴创作并表演出与其角色性格相符的行为。这似乎仅仅注重即兴扮演，而不注重由模仿到自由扮演的过程。杰克·理查德认为角色扮演教学模式是一种类似于戏剧表演的课堂活动，在活动中学生分别扮演某一具体情境中的不同角色，表演在那一情境中发生的特定活动。保罗·彭妮把角色扮演看作各种各样的活动的组合，在一系列活动中学生可以想象自己置身于某种课外情境，扮演某个非自己的角色，使用与新语境相吻合的语言。

国内许多学者对角色扮演也有自己的理解。王怀贞认为，角色扮演是一种教学活动，学生在模拟的情境活动中扮演不同的人物角色，并把情境下要发生的事情用语言和动作传达出来。高凡认为，角色扮演是一种模拟真实语言情境的外语课堂活动。

笔者认为，角色扮演是一种模拟真实故事情境的教学活动，学生在活动中扮演人物角色，根据角色要求和自己对角色的理解把它表现出来。而角色扮演教学是一种将角色扮演理论运用于教学实践的活动。它是根据教学目的和要求，在教学中让学生模拟教学素材中的故事情境，把角色所要求的内容和文化表达出来。在这种教学活动中，学生必须根据语境和不同角色的身份进行表达，并扮演该角色。

（二）角色扮演教学模式的步骤

由于角色扮演涉及学生的课堂活动，因而需要对其进行一定的安排设计。对于如何在课堂上开展角色扮演活动，已有一些学者对此提出了自己的见解。在角色扮演的实施步骤方面论述比较权威的是由范妮·谢夫特和乔治·谢夫特提出的。他们的论述出现在乔伊斯的著作《教学模式》中，他们认为角色扮演教学包括以下9个步骤：①小组预备活动；②挑选扮演者；③布置场景；④组织观众；⑤表演；⑥讨论和评价表演；⑦重新表演；⑧讨论和评价表演；⑨总结。除了这种理论化的角色扮演操作程序外，国外大多数学者都是在自己的研究中，按照自己的实际操作叙述角色扮演的过程。

国内也有学者对角色扮演的实施环节做出相关论述，但是总体上与国外学者的研究相似。蔡敏认为角色扮演式教学应该遵循如下步骤：①进入问题情境。学生清楚、理解问题情境，并且产生兴趣是整个表演过程取得成功的保障。②挑选学生"演员"。他认为虽然角色扮演是学生全员参与的学习活动，但是最初由谁来承担任务角色，一定要慎重决定。这是因为第一次的表演会直接影响到"观众"的情绪，也会影响到下面的分析和讨论。③准备表演框架。确定表演人选后，"演员"小组进行磋商，筹划表演内容。④训练学生"观众"。在角色扮演的教学组织中，需要让暂时不参加表演的学生也进入状态，因而教师可以布置一些观察性的问题。⑤表演问题情节。学生按照事先设定的计划，承担起个人的角色，进行合作表演。⑥讨论表演内容。表演结束后的热烈讨论与积极评价，能够把学生的情绪推向新的高潮。

（三）英语教学中开展角色扮演的意义

1.有利于激发学生学习兴趣，提高学生学习积极性

兴趣是最好的老师，它能使学生端正学习态度，以快乐的心情去学习和探究。随着英语学习难度的逐渐增加，不少学生对英语学习产生了焦虑、畏惧的情绪，为此英语教师在教学过程中，应采用灵活多样的教学方式，有效激发学生学习英语的兴趣。英语角色扮演教学法突破了传统教学模式的局限，不断给学生提供新的刺激，让学生对学习英语的兴趣日益增长，促使他们自觉地学习英语。学生为了成功扮演角色就必须充分发挥其主观能动性，主动查阅资料，发散思维，进行反复排练。总的来说，这种模拟真实情境或者在真实情境下的角色扮演教学活动不但能消除学生学习中的消极因素，而且能够增强学生学习英语的兴趣。

2.改变传统的教学模式，体现学生的主体地位

英语学习是一种应用性很强的语言学习，在传统的英语课堂教学中教师往往是课堂的主宰，不断向学生灌输语言知识，而学生的主体地位被忽略，听、说、读、写能力，尤其是说的能力无法很好地在课堂上得到培养。英语角色扮演教学活动是一种模拟真实语言情

境的教学实践活动。在这种活动中，学生扮演某个特定的语言情境中的人物角色，并把在这一情境下所要求表现的内容用英语和动作表达出来。这实际上是对现实生活的重现，它能为学生提供足够的自主学习时间和空间，让他们主动地、积极地参与英语学习，使学生在角色表演中取得成就感，轻松愉快地提升英语交际能力和综合素质。因此，角色扮演不仅有助于学生掌握英语的语言知识，提升言语技能和英语交际能力，而且有助于增强学生的主人翁意识。

3.培养学生的社会角色意识和英语语言交际能力

角色理论认为，每个人在社会中都扮演一定的角色，这个角色与其教育背景、文化背景、社会背景和个人的人际交往等因素有着直接而密切的关系。一个人只有对自己及身边其他人的社会角色有一个准确、完整的认识，才能很好地融入社会，对社会做出积极的贡献。这些观点对当前英语教育有着深刻的启发：开展有效的角色扮演活动，不仅能培养和增强学生应用英语的能力，而且使学生身临其境地体验、理解和区分不同的社会角色，感受他们之间的统一与冲突，从而为学生将来在社会中扮演好自己的角色、履行个人的社会职责打下良好的基础。

4.有利于探索符合学生身心特点的英语课堂教学方法

传统的英语课堂教学过于注重知识传输，教学方法枯燥，不能有效激发学生学习英语的兴趣。因此，教师要勇于探究符合学生特点的课堂教学方法，运用角色扮演等教学模式充分调动学生参加英语课堂教学活动的积极性，有效激发学生的学习兴趣。学生往往自告奋勇、积极参加，希望自己的扮演得到教师和同学们的认可，从而获得成就感和满足感。在英语课堂实施角色扮演教学不仅能够激发学生的学习兴趣，而且有利于培养学生英语综合应用能力。

5.有利于培养学生的创新精神和实践能力

根据传统的英语教学方法，教师以课本内容为支撑传授语言知识，教师主导课堂，学生被动接受知识。在这样的模式下学生很难发挥自己的主观能动性，更不要说实践能力了。相反，角色扮演教学法不拘泥于课本知识，给学生提供了较多自由发挥的空间，有时甚至把课堂完全交给学生，教师只起引导的作用。这样，学生就能依据一定的课本知识发挥创新精神；同时根据教师所布置的任务，学生还需要准备一系列的辅助材料来确保扮演活动的顺利进行，这个过程又锻炼了学生的实践能力。

四、学案导学教学模式

（一）学案导学教学模式的含义与理论基础

学案导学模式是20世纪90年代后期发展起来的一种教学模式，是指以学案为载体、以导学为方法、以教师为主导、以学生为主体，师生合作共同完成教学任务的一种教学模式。它以学生为中心，以学生发展为根本，"以学定教，先学后讲"。教师通过自学、讨论、讲授、练习等多种形式和方法引导学生自学求真，把教学的重心从知识的传授转向能力的培养、智力的开发。学案导学教学模式是启发式教学模式的继承和发展，主要目标包括以下三点：一是培养学生自主学习的能力，使学生想学、愿学、能学、会学，真正成为学习的主人，拥有终身学习的兴趣与能力；二是培养学生的创造思维和创造能力，鼓励学生质疑，引导学生进行求异思维，培养学生分析问题和解决问题的能力；三是促进学生全面发展，重视对学生学习方法的引导，让学生通过各种语言、活动的合作互动形式，培养听、说、读、写的综合运用能力。学案导学教学模式主要包括导学案的设计以及课堂教学的导学等。

学案导学教学模式根据学生的心理特征、学习需求、思维规律和认知特点，采取科学、合理的方法，充分调动学生的学习主动性和自觉性，学生在整个教学过程中积极参与教学活动。学案导学教学模式的理论基础主要有以下两点：

1.认知——发现学习理论

布鲁纳认为，学习是一个认知过程，是学习者主动参与形成认知结构的过程，即学习者不是知识的被动接受者，而是接受知识和改造知识的学习者，对知识的选择是积极、主动的。教师要研究学习者的学习行为和学习的内在动机，重视教材的知识结构，关注学习过程；采用一定手段有意让学习者独立思考，自己去探索、研究，去发现问题和解决问题；帮助学生通过习得、转化、评价去掌握新知识，使学生更有兴趣、更有自信地主动学习、有效学习。

2.智力内化理论

列夫·维果茨基认为，学生的个体活动是教学过程的基础，而教师的教学就在于指导、调节学生的这些活动；学生智力的发展过程就是学生将外部的物质活动向头脑中内部的智力活动转化的过程。因此，加强活动性教学，应从提高学生的学习能力入手，发挥学生的创造力。提高学生的实践能力和创新精神是英语教学发展的新方向。倡导质疑问难，鼓励学生自我探究，开展研究性学习，以培养学生分析问题和解决问题的能力为目的的学案导学教学模式正是维果茨基的智力内化理论的具体运用。

(二) 学案导学教学模式的实施过程

1. 课前预习环节

在学习新内容之前，教师应将导学案发放给每位学生，指导学生利用导学案预习即将学习的新内容，完成导学案中有关的基础性测验题，并将预习过程中发现的疑难问题标记出来。教师也可以通过导学案来检验学生的预习情况，明确学生在自主学习过程中遇到的难点，有目的、有计划地解决这些重点、难点，提高课堂效率。

2. 课堂实施环节

（1）检查反馈、尝试解决

通过对课本内容的预习，学生已经对所学内容有所了解，教师需要做的就是通过对一些基础性知识的提问来检验学生的自学情况，了解学生的自学是否顺利，是否能通过自学解决导学案中提出的问题。在这个过程中教师对个别有困难的学生可以给予必要的指导，但要把握好度，以有利于学生自主解决问题为最终目的。

（2）组内探究、成果展示

在第一个环节进行完之后，教师组织学生以小组为单位对自学过程中发现的问题和遇到的难点进行讨论、交流，在小组统一意见之后，由小组长负责将讨论的结果向教师和其他小组展示。其他小组的同学可以就讨论的结果进行辩论、研讨，进一步深化讨论结果。如有必要，教师可以对讨论的结果进行适当的补充和总结。

（3）精讲释疑、适当点拨

对于每个小组提出的疑问，教师不要急于解答，而是由已经解决此疑问的学生将自己对该疑问的理解向全体同学说明，教师可以对不完善的地方进行适当补充，但最终还是要学生自己进行归纳和总结，教师只是进行引导。对于全体同学都有的疑问，教师可以组织学生积极辩论，鼓励大家踊跃发言，积极发表自己的看法和见解，让问题得到最终的解决。最后由教师进行总结，补充和完善学生的学习成果。

（4）典例分析、巩固新知

为了更好地巩固学生所学的知识，教师还要精心编制一些典型例题对所学内容进行随堂检测，这也有利于教师检测其教学效果。在学生通过自主学习、交流理解了单词、语法之后，教师就要将编制的典型例题交由学生进行练习，并选择一位学生讲解自己的解题思路，由大家来判断该学生的解题思路是否正确。通过交流和讨论促进全体学生更好地掌握和理解所学知识。

（5）总结反思、探究规律

在做完例题后，教师要引导学生去发现该问题所用到的知识点、题型结构等，提炼解题方法，总结解题规律，提高探究能力，巩固学习成果。

（6）目标检测、分层练习

目标检测是检测学习目标达成度的一种手段。通过目标检测，学生可对自己的学习效果进行自我评价。通过做目标检测题，学生巩固了所学知识，又培养了良好的学习习惯，还体验到了成功的乐趣。对目标检测题的批改，教师可以采取灵活的方式，既可以全面批改、抽组批改，也可由学生组内互批、组间互批等，其最主要的目的是加强对本节课教学效果的反思。

（7）课堂总结

最后，教师负责组织学生对自己的学习进行总结、评价，如自己是否完成了导学案提出的学习目标，自己在学习中遇到了什么困难，这些困难又是通过什么途径解决的，通过本节课的学习自己取得了哪些进步。自评、互评等方式能够促进学生知识体系的形成，使学生感受自己的成长与进步。

3.课后深化环节

课后，教师还要指导学生对导学案进行必要的整理、归纳，建立纠错本，将所有的错题都整理在纠错本上，以便及时复习总结。对于导学案和纠错本，教师也要定期查阅，对于发现的问题及时解决，提高导学案的实效性。

第三章　基于个性化理论的高校英语教学

第一节　个性化理论的内涵

传统教学忽视了学生的个体差异，难以调动学生的积极性，教学效果也大打折扣。在当今社会竞争日益激烈的情况下，个性化教学的开展显得尤其重要。

一、个性化教学概述

关于个性化教学的定义可谓"仁者见仁、智者见智"。约翰·詹金斯提出了"个性化学习"的概念，倡导以学生为中心的教育模式，将个性化教学的含义概括为以下两点：一是特别强调每一个学习者的需要、天赋、学习风格、兴趣和学术背景；二是要求学习者不断地进步。法国教育家阿兰对"个别化教学"和"因材施教"两个术语的含义进行细分，在阿兰看来，"个别化教学"往往与非正规的课堂教学联系在一起，强调的是学习者可以按照自己的节奏来制订自己的学习日程，安排自己的学习进度，而"因材施教"更侧重于师生之间、学习者与学习者之间、学习者与学习资源之间的互动。《韦伯斯特词典》将"个性化"的含义总结为以下三点：①保持个性，养成一个有特征的人；②使个体进入自我管理的状态；③调整或顺应个体的需要或特定环境。

尽管上述观点所使用的术语各不相同，但它们都不同程度地体现了个性化教学的一些内在特点。综合上述观点，笔者认为所谓个性化教学就是以了解和尊重学习者的个体差异为前提、以最大限度地发展每个学习者的能力为目标、以充分调动学习者的学习自主性为方式、以灵活多样的教学形式为依托的教学模式。

二、个性化教学的原则

教学的组织原则是教学活动的基本准绳，决定着教学活动的质量与效果。个性化教学要想达到理想的教学效果，也必须遵循一定的组织原则。具体来说，我们可以从以下几个方面来把握其原则：

（一）形式的个性化

只有将学生内在的动力激发出来，学生的潜能才能得到充分发挥，并逐渐养成自主学习的行为、习惯、态度和精神，学习才可能达到预期的目标。因此，采取什么样的教学形式就成为至关重要的问题。对学生而言，学习活动是发生性的。这就意味着教学必须是个性化的，要受到学生的经验、意向、兴趣、水平、需要等因素的影响。教师应对学生情况进行汇总和分析，并在此基础上采取小班化教学、个别辅导、小队教学、同伴辅导、探究性学习、合作学习、自主学习等多种形式来弥补传统教学的不足。此外，教师还应在实践过程中不断总结经验、不断创新。

（二）手段的个性化

现代科技的发展尤其是现代信息技术的发展为教学提供了更多可供选择的手段，为个性化教学提供了强大的物质基础。具体来说，这些技术上的进步不仅提供了许多硬件设备，如录音机、投影仪、电视、电影、电脑等，还提供了许多储存容量大、功能强大、界面友好的软件与应用系统，如视频播放软件、多媒体课件制作软件等，为个性化教学的有效实施创造了更加便利的条件。因此，教师应充分利用校园文化资源、计算机技术手段、网络技术手段等，将个性化教学更好地向前推进。

（三）目的的个性化

目的的个性化就是通过教学培养个性化的人才，而不是规格化、标准化的人才，不是众人一面，而是人人生动活泼，具有丰富多彩的表达方式，具有冒险和创新精神。

教师应认真对待每个学生的特质、兴趣和学习目标，并尽最大可能地帮助他们感受到自己的潜能。此外，教师应根据教学内容、教学对象的不同创造性地设计各种适宜的、能够促进学生充分发展的教学方法与策略，使学生能以向他人（包括自己）展现他们所学的、所理解的内容的方式去了解和掌握教学材料。随着时间的推进，学生会积极主动地寻求与自身智力相匹配的教学机会，逐渐从传统智力的藩篱中脱离出来，最大限度地发挥自身潜能。这样，教学的个性化色彩越来越浓，学生与学生之间的差异也越来越明显，大大增加了学生学习成功的可能性。

（四）理念的个性化

理念就是理想的观念，换句话说，就是我们追求的观念。教育理念的个性化意味着我们所追求的不是标准化的教育，而是内涵丰富、多姿多彩的教育教学，是独特的教学。

学生与生俱来就各不相同，教师不能忽视学生之间的智力差异，也不能假设每个学生都拥有（或应该拥有）相同的智力潜能，而是应该努力确保每个学生所接受的教育能最大限度地发挥其智力潜能。个性化教学以了解每个学生的智力特点为前提，强调在可能的范围内发展不同的教学方式，使具有不同智力的学生都能受到同样好的教育。教师应在了解每个学生的背景、学习强项、兴趣爱好的基础上，确定采用适合学生的学习框架去做最有利于学生学习的教育决定，从而确立最有利于学生学习的教育方式。

（五）内容的个性化

教学内容的个性化包括以下两个方面：

第一，个体的多样性与课程的选择性。不同的学生倾向于不同类型的学习活动，如创造性学习、理念性学习、经验性学习或理解一个主题、构思一个故事、描述一个人物的特征等。个性化教学就是要使每个学生的潜能与优势都得到最大限度的发挥。因此，建立课程的选修制度，适应学生主体的多样性，是促进学生个性自由发展的必由之路。从操作层面来看，学校应优化教学资源，结合学生情况开展选修课程。此外，学校还应进行课程的分化统整，做到在分化中统整，在统整中分化，使课程的设置与安排尽量与学生的个性化差异相符合。

第二，自我的完整性与课程的综合性。个性化教学以培养学生的自由人格为目的。冯契先生认为，自由人格就是有自由德性的人格，在实践和认识的反复过程中，理想化为信念、成为德性，就是精神成了具有自由的人格。这种自由人格是在"基于实践的认识世界和认识自己的交互作用过程"中实现的。因此，课程的综合性就显得十分必要。课程必须具备一定的综合性，这是培养学生自由人格的前提和基础。

三、个性化教学实施的关键

在个性化教学的具体实施中，教师决定着教学理念的选择、教学目标的制订、教学活动的安排以及教学效果的质量，是最重要、最核心的环节。在开展个性化教学的过程中，教师应从以下几个方面来努力：

（一）创造宽松的教学氛围

实践表明，在高度焦虑的状况下，学生处于一种被压迫状态，学习效果并不理想，更谈不上培养创造性。人的创造性和理想的学习效果都只有在一种较为自由的状态中才能够发生。在宽松的教学氛围中，学生没有任何顾虑和压力，不必担心自己没有按照教师的要求去做而受到指责批评。可见，宽松自由的教学氛围是促进学生个性发展的前提条件。教师应尊重学生的个性，建立平等的师生关系，使学生有展示个性和发挥潜能的舞台，这样学生才能找到学习的乐趣和奋斗的动力。

（二）提升个人综合素质

个性化的教师，是指那些对教育教学理念有独特见解并采取与之相适应的教育教学行为方式的教师。个性化的教师的个人气质、性格等人格特征在教学活动中要有所反映和体现，主要包括教师的个性化教学观、知识结构、能力结构、教学艺术和管理艺术等。个性化的教师既有自己的独到见解，又能遵循教学的基本原则，是个性化教学有效实施不可或缺的重要条件。因此，每位教师都要努力提升个人素质，加强自己的理论修养，积极探索，努力创新，争做优秀的个性化教师。

（三）采取个性化的教学策略

每个学生在学习能力、学习经验、兴趣爱好和心理特征等方面都有自己的特点，这就使得学生在学习的每个环节上也会表现出个体差异。因此，在教学过程中，教师应针对性地制订适合不同学生的教学计划，并采取灵活多样的教学策略。下面这些策略可以有效帮助教师解决在个性化教学过程中遇到的问题：

1.自主学习教学策略

自主学习策略充分尊重学生的自主性，教学活动以学生为中心，使学生在积极主动的意义建构中形成完整的人格。自主学习是个性化教学的基本精神，应体现在所有个性化教学的实践中。以教学单元为方式的自主学习策略运用较为广泛。其具体操作步骤如下：

第一，建立行为目标。行为目标就是可以操作的目标。行为目标包括为各阶段不同特点的学生设计的学习目标，通常由专家、教师和学生根据现行的各种教材、教科书、补充读物制订。第二，设计教学单元。教学单元的根本目的是使每一个学生都有适合自身特点的学习计划。教学单元包括教材、学习路径、媒体利用等项目，在教材的结构、进度、广度、深度、媒体、环境等方面都不尽相同。第三，设计学习评价系统。评价系统以标准参照测验为基本形式。经过一段时间的学习后，学生可以自行决定是否接受测验，若通过测验可进行下一单元的学习；若未通过测验，教师应及时给予指导以帮助学生最终掌握。第四，建立计算机教学辅导和管理系统。计算机辅导与管理系统可以使教师实时追踪学生的学习状况，从总体上把握学生的学习进展情况。

2.同伴辅导教学策略

同伴辅导是学生配对的个性化教学策略，指在多样化教学情境中，教师安排学生一对一搭配、促进学生互相帮助的教学策略。同伴辅导可以通过以下三种方式展开：第一，不同年级学生之间的辅导，通常是高年级学生辅导低年级学生。这种方式不仅可以帮助被辅导者的学业，还可以帮助学生发展其社会性品质。第二，两个学生之间平等地互相帮助，共同参与学习活动。这种方式的扩充形式是合作学习。第三，同一班级内学生之间的互相辅导。这种方式最为普遍。

3.风格本位教学策略

教学风格指教师在教学过程中稳定的行为样式，涉及教师的情感和态度等个性特征。教学风格的核心是行为和方法策略在一定时间范围内的稳定性。因此，只有积累了丰富教学经验的教师才能够谈及风格本位的教学。风格本位的教学策略要求教师调整教学环境，以适应不同学生的差异。鲁宾提出了改进型、信息型、程序型、鼓动型、互动型、陈述型等六种教学风格类型。

风格本位的教学策略需要教师在课程教材方面进行改革，契约活动包是最常用的方法。契约活动包是为那些倾向于结构化学习环境的学生或追求自我选择的学生提供的教材大纲，代替了全班课堂教学的课程教材，向学生提供可供选择的作业，以满足个性化教学的需要。学生完成一项活动并记录达到每一个目标的经验。

第二节　高校英语个性化教学的影响因素及对策

一、高校英语个性化教学的影响因素

（一）学生因素对于个性化教学的影响

1.学生的英语基础知识

在中国，绝大多数学生上小学就开始学习英语，但由于各小学的师资与教学条件存在差异，城市与乡村的英语教学水平也存在着很大的差别，这些差别造成了入学大学生的英

语水平参差不齐。

2.学习模式的转变

从中学英语学习模式向高校英语学习模式的转变是影响学生大学阶段英语学习的一个重要因素。长期以来，我国的高校英语教学一直存在着与中小学教学相对脱节的问题，导致学生的英语学习耗时长、效率低，同时由于教学内容上的重复、交叉，致使学生产生厌学情绪，不同程度地挫伤了学生学习英语的积极性，并造成了教育资源的浪费。

3.学生的学习兴趣与学习动机

动机是直接推动有机体活动以满足某种需要的内部状态，是行为的直接原因和内部动力。有机体的各种行为和活动都是由动机所引起的。动机由内驱力和诱因两个基本因素构成。内驱力是指在有机体需要的基础上产生的一种内部推动力，是一种内部刺激。诱因指能满足有机体需要的物体、情境或活动，是有机体趋向或回避的目标。学习动机是影响学生学习活动的重要因素，它不仅影响学习行为的发生，而且影响学习的进程和学习的结果。

学习兴趣就是学生对所学知识的一种喜好的情感。学生的学习兴趣是学生学习态度的一个重要方面。学习兴趣会对学生的学习动机间接产生重要的影响。学生对学习材料是否有兴趣、对教学活动的组织是否感兴趣，这些都会影响学生的学习情绪和学习效果。因此，高校英语教师在教学中应考虑学生的实际情况，教学进度不要太快，教学要求要适当，应采取从易到难、由少到多、循序渐进的教学方法。同时，教师应注意解决学生，尤其是基础较差的学生在英语学习中的实际困难，激发他们对英语的学习兴趣和信心，进而提高英语教学的效果。

4.学生的英语学习策略与方法

关于学习策略的含义，国外学者的看法各有侧重：安娜·查莫特认为学习策略是学生采取的技巧、方法或者刻意的行动，其目的是提高学习效果和易于回忆语言的形式及内容。鲁宾认为学习策略是有助于学习者自我建构的语言系统发展的策略，这些策略能直接影响语言的发展。尽管对于策略定义之间存在明显分歧，但是学习策略始终被认为是学习者成功与否的重要因素之一。

（二）教师因素对于个性化教学的影响

1.教学观念

教学观念是人们对教学和学习活动内在规律认识的集中体现，有什么样的教学观念就会产生什么样的教学行为，教学行为受教学观念的支配。教师应正确认识全国大学英语四、六级考试，不能把教学重点放在片面追求通过率和应付考试上，为考而教，为考而学。

教育应把人的发展作为出发点和归宿，教育的目的应是提高每个学生的全面素质，使他们通过亲身体验加深对学习价值的认识，在思想、情感、意志、精神境界等方面都得到升华。只有这样，才能培养出适合当今世界发展潮流的人才。

2. 教学手段

在教学手段方面，我国的英语教学多年来基本沿用黑板、书、粉笔、教师加课堂的传统方式，现代教育技术没有得到很好应用，多数学校缺少高质量的教学软件，即使使用多媒体教学也只停留在将黑板搬上屏幕的水平。在对某大学的高校英语教师在课堂上采用的教学手段的调查中发现，大多数英语教师的教学手段还是比较传统的，而对计算机等现代化教学手段的使用率比较低。

这种传统的教学形式一方面不能为学生的英语学习创设必要的语言学习和应用的情境，不利于学生英语综合应用能力的培养；另一方面这种教学缺乏教学上的互动，不能体现学生在英语学习上的主体地位，也不能培养学生学习的自主性，不利于个性化教学的开展。

3. 教学模式

我国的英语教学一直保持着教师主讲、学生主听的课堂教学模式，而且多数是大班上课，是传统的单向式的课堂教学。这种教学模式能在短时间内灌输大量的知识，大幅度提高学习成绩，在教育史上发挥过重大作用。但随着时间的推移和形势的变化，它的弊端也日益显现出来。它难以培养学生的创新精神和创新能力，阻碍学生个性和特长的发展，不适应当今社会经济和文化发展的要求。

4. 教学目标

在现代社会，获取能力比单纯掌握知识更为重要。知识只有转化为能力，才能够有效地发挥作用。个性化教学与传统教学的最大不同就在于个性化教学的目标主要在于培养学生的能力；而传统的应试教育以知识的传授为教学目的，培养的学生往往难以满足现代社会发展的需要，同时也束缚了学生个性的发展。

5. 评测方式

长期以来，高校英语教学存在着注重知识传授、轻视能力培养的现象。教学评估体系则将考试作为学习的终极目标，使考试等同于评价。许多教师在对学生学习的评价上，使用终结性评价较多，使用形成性评价偏少。大多数教师习惯于单纯用分数作为评价语言能力的手段，测试手段单一，存在缺陷，无法真实、全面地反映学生的语言综合应用能力和个性化学习能力的养成与发展。

二、实施高校英语个性化教学的对策

(一) 转变教学观念

教师应转变教学观念,真正实现以学生为主体、以教师为主导的高校英语的个性化教学。高校英语教学多年来一直以培养学生具有较强的阅读能力和一定的听、说、写、译能力为目标。《大学英语课程教学要求》则将高校英语的教学目标定位为:"培养学生英语综合应用能力,特别是听说能力,使他们在今后工作和社会交往中能用英语有效地进行口头和书面的信息交流。同时,增强其自主学习能力,提高综合文化素养,以适应我国经济发展和国际交流的需要。"同时,教师还要摒弃应试教育的思想,树立培养学生英语应用能力与全面发展个性的教学观念。

(二) 教学形式多样化

第一,采用大班和小班授课相结合的班级授课形式。高校英语的语言能力主要分为语言的基础知识和语言的应用能力。如听说课程主要体现在师生间和学生间的互动,宜实行小班的授课形式;而语法、词汇、阅读性的课程主要以教师的讲解为主,即使大班人数多一些也不会对教学效果有太大的影响,所以可以适当地使用大班的授课形式。这种大、小班授课相结合的授课形式,不仅适合不同性质课程的需要和要求,而且可以在一定程度上缓解大学学生多、教师不足的现状,节省一部分教师的精力和时间,使他们能够有充足的时间去学习、充实自己,不断提高自身的英语水平。

第二,第一课堂教学与第二课堂教学相结合。第二课堂教学能克服第一课堂教学时间、教学教材等因素的制约,以其灵活的方式、新颖的内容激发学生的兴趣,将学生的被动学习转化为主动学习,发展学生自主学习的能力。同时,第二课堂也是对第一课堂教学的有益的扩展。通过第二课堂的教学,学生可加深对第一课堂所学知识的理解。理解了的东西就容易记得住、用得活,用的过程也就是把语言知识变成语言能力最基本的过程。内容广泛、形式多样的英语第二课堂,不仅培养了学生的主动性和创造性思维,同时也符合现代教育教学理念中所倡导的充分考虑学生的个性特点的民主教学观念。

(三) 教学手段现代化

多媒体电脑的普及和网络技术的发展对于英语教学产生了巨大的影响。随着教学观念的转变、教学模式的改革,英语教学引入以多媒体、网络为代表的现代教学手段势在必行。多媒体及网络教学有着很多传统教学无法比拟的优越性,主要表现在如下几个方面:①创造优美的视听环境;②多感官刺激,强化记忆;③学生可以自主学习,自我调节学习的进度；④信息量大，节省时间。

（四）改革测评机制

第一，适当使用开卷的测试方式。目前，我们高校英语测试主要采用闭卷的形式，客观性试题的比重过大，不利于检测学生的创造性思维和使用有效的策略与方法解决问题的能力。在开卷试题中应提高写作和翻译等主观性试题的比重，以此来评测学生灵活运用所学知识解决问题的能力。

第二，大规模的标准化测试与学生的自我检测相结合。自我测试、自我评价可以使学生不断修正自己的学习策略与方法，从而获得适合自身特点的个性化的方法与策略，为以后自主学习能力的养成打下坚实的基础。

第三，教师出题测试与上机测试相结合。在计算机上进行英语测试要比在传统的试卷上进行测试更能体现测试、评价的公正性。计算机不会受情感因素的影响，而教师在阅卷过程中有的时候难免会有失公正。计算机能够使声音与画面或图像完美结合，更能体现试题的真实性和情境性。

第三节 基于个性化理论的高校英语教学实践

一、个性化的学习目标

不同的学生有不同的学习目标，相应的学习过程、采取的方法也因人而异。因此，教师应根据所教学生的需要、兴趣和潜能来进行教学设计，依据不同学生的智力结构特点和认知发展规律，为不同层次的学生制订较为合适的努力目标，这一目标允许学生用不同的时间和速度来完成，其间也可以调整自己的学习目标。例如，在要求学生记忆单词时，英语基础好的学生要全部掌握（包括发音、拼写、意义、词性及常见用法），甚至还可要求他们掌握大纲词汇以外所遇到的单词；对于一些基础薄弱、背诵单词确实有困难的学生可适当降低要求，帮助他们缩小范围，背诵一些常用的较重要的词汇。教师要设法使每个学生体验到学习的快乐和成功感。

二、个性化的教学方法

教学方法个性化强调以学生的个别差异为出发点,以学生的兴趣与需要为中心,以班级教学的调适与分化为基本方向,以每个学生的能力与个性的最大发展为目标,培养学生的主体精神、参与意识、独立思考能力和创造能力,创设多元化的情境,创造条件使每一个学生都有机会展示和发展自己的强项,从而在各自的基础上获得进步,全面提高教学质量。

(一)自主选材的英语演讲

英语演讲可以作为课堂教学的第一个步骤。每堂课前,教师可安排一位学生到台前用英语演讲,内容包括报刊上的时事热点、美文故事或学生感兴趣的话题。学生在课前先将自设的一个问题写在黑板上或提前制作好PPT,这样便于其他学生在听的时候捕捉信息。演讲后,其他学生根据问题自由抢答。

通过这个活动,学生可将平时读到的好文章与同学共享,同时也可以提高自己的阅读能力与选材能力,进一步增强上台演讲的自信心和成就感,从而提高学习兴趣,对其他同学也会起到激励作用。演讲活动打破了教材的局限,体现了个性教学的优势。

(二)激发兴趣的课堂导入

课堂导入是激发学生学习兴趣的重要措施。如果导入成功了,学生从一开始就会进入状态,从而积极主动地参与教学活动。教师可以通过英文歌曲、趣味游戏、多媒体、图片或讲故事、情境对话等多种方式创设情境,让学生情不自禁地去看、去听、去想、去做,激发学生的兴趣,为进入主题做好铺垫。

例如,英语课文中谈到旅行,涉及了美国文化。在上课之前,教师可以让学生以抢答的方式谈谈有关美国文化的信息,这些信息来自课本又高于课本,学生将书本上及自己所知的信息用自己的语言组织加工,变成一篇文章表达出来。这就是一种较高层次的运用。教师在讲授新课时如能有意识地给学生一些相关信息,给他们一两条作为例子,他们就会举出四五条,甚至一大串。通过这样的活动,学生会认真记忆并寻找相关信息以及同一句话的不同表达方式。日积月累,学生的语言表达能力就会得到增强。

(三)自主合作的学习方式

1.才艺表演

教师可以适时地在课堂上给学生提供唱英语歌、说英语故事、进行英语诗歌朗诵和英语情境对话表演等机会，不给他们任何限制，完全由学生即兴发挥，各尽其才。

2.自习能力的培养

培养学生自习能力需要教师精心引导。教师应根据不同的教学内容、学生的不同特点，布置不同的预习任务，而且还应适时提高预习要求。学生在自习的过程中，既能发展英语综合应用能力，又能充分发挥自主性。在丰富多彩的自习过程中，学生的个性也能得到完善和发展。

3.小组的合作活动

根据教学目标和内容，教师可在英语课堂教学中给学习小组布置各种任务，根据学生不同的特长安排其担任不同角色，让学生既能发挥个人的优势智能，又能习得他人的优势智能。教师可以通过对课堂教学活动的精心安排与组织，培养全体学生主动参与课堂教学活动的积极性，使每一位学生感到自己的进步并努力成为班上更好的学生。这样，不仅丰富了课堂教学活动，活跃了课堂气氛，激发了学生的兴趣，还让学生的优势智能得到了互补，为学生提供了更大的实践空间和语言环境。

4.各抒己见的讨论

讨论是英语课堂中培养学生进行自主交互式学习的有效手段。教师为学生创设情境、提供话题；学生围成圆圈自由组合，带着明确的目标，积极主动地学习并进行小组讨论，通过思考、实践、调查、讨论、交流和合作等方式学习和使用英语，完成学习任务。与此同时，教师应强化学生的学习动机，提高学生的学习兴趣，帮助学生形成学习策略，培养学生的合作精神，增进学生对文化的理解。

三、个性化的作业

教师设计作业时要关注不同学生的不同需要，让每位学生都能体验到成功的喜悦，从而使学生的积极性得到保护，个性得到张扬。

（一）书面作业

书面作业偏重基础知识的巩固和积累，突出教材的重点和难点；学生只要上课认真听讲，在书本或者听课笔记上就能找到相应的答案。这类作业一般分为两种：一是全体学生必做题，二是学生自选题。这样，既让基础稍差的学生"跳一跳能摘到果子"，又避免基础较好的同学存在"吃不饱"的现象。课程结束后做与教学重点相关的书面作业，有利于学生重点复习某一知识点，加深学生对语言内涵的理解。

（二）预习作业

在英语教学活动中，教师应以抛砖引玉的方式先给出一些预习题，让学生思考，然后再进行讲解。教师要让学生开动脑筋，发散思维，使学生获得一种满足感与愉悦感，从而爱学、乐学。教师只有自己摸索钻研过，才知道怎样正确地引导学生去学、去做。

（三）拓展性作业

拓展性作业是教师根据教学需要设计的与教学目标相关的作业。这种作业源于教材，又高于教材，能够考查学生能否把熟知的知识和技能运用于新的环境。各层次的学生都能根据自己的基础和能力完成这份作业，而且效果很好。

另外，为了给学生更多的运用英语进行交际的机会，发展学生的个性，教师可以设计和组织具有趣味性、拓展性的课外活动。例如，教师可以组织英文书写、演讲、单词接龙等各种比赛，成立英语角，演唱英语歌曲，开设英美风俗文化知识讲座等，让学生在这些活动中互相帮助、互相感染，进而共同提高英语水平，长久保持学习英语的兴趣，培养学生在生活中自觉学习英语的习惯，提高学生个性化学习的能力。

四、个性化教学的评价

（一）对教学环境和教师教学质量的评价

1.观察法

观察法是以观察为主要方式对外显行为变化进行评价的一种方法。评价目的不同，需要观察的内容也有所不同。例如，若想评价学生之间的相互影响力，则需要观察学生的相互作用；若想评价教学对学生的影响力，则应观察师生之间的相互作用；若想评价教师的教学是否与学生的水平相适应，则应观察学生在教学过程中的反应；若想评价个性化教学是否充分发挥学生的自主性，则应观察学生自由学习的时间。

2.讨论法

讨论法指师生在宽松、民主的气氛中以群体讨论的方式对教学环境和教师的教学行为进行评价的一种方式。在这种气氛下，学生可以畅所欲言，从而对教学做出评价并以此促进教学环境的改善与教学质量的提升。

3.问卷法

问卷法是通过问卷的方式来对教学做出评价的一种方法。问卷法主要用来评价教学环境、教师的教学水平以及学校整体的教学效果。问卷法的具体操作步骤如下：①确定评价对象及目标项目；②根据目标收集材料，制作问卷；③自己审定或聘请专家审定问卷的效度；④进行小规模问卷调查以考查问卷的效度；⑤对问卷进行修改、调整；⑥正式进行问卷的调查、统计分析和评价。

（二）对学生学业成绩的评价方法

1. 个性分析法

个性分析法是在学习活动开始之前，将学生的自我介绍与教师的综合考察相结合，以此来确定学生学习起点的评价方法。描述性报告以文字形式对学生已有的发展状况做清晰描述，以帮助教师具体把握每个学生的个性特征和个体差异，为每个学生的个性化教学设计提供基础，因而成为个性分析法的主要方式。描述性报告中对学生的描述包括情感、态度、技能、动机、能力倾向、未来方向等内容。

2. 成果展示法

成果展示法是指经过一段时间的学习后，学生以多种方式如朗诵、演讲、表演等来展示其学习成果并体验成就感的评价方法。成果展示法在实施过程中应让每个学生都参与其中。目标成果之间不做横向比较，而只对同一个学生的成果进行时间上的对比，如将现在的成绩与一个月之前的成绩进行比较。

3. 卷宗评价法

卷宗评价法是根据卷宗对学生进行整体评价的方法。教师为每个学生建立卷宗，并将学生的兴趣爱好、性格特点、优点与不足、学习进步情况等记入卷宗，进行追踪记载和评析。在此基础上，教师可以整体把握学生发展的全过程，并及时调整教学计划和进度安排。

4. 契约评价法

契约评价法是通过师生之间的约定来进行评价的一种方法。契约评价法的具体操作过程如下：①教师提供几种学习任务，简单陈述学习内容，并对学习进行引导和鼓励；②学生主动选择其中一项任务，然后签约进行学习；③经过一段时间的学习后，教师根据先前的契约进行评定。

在签订契约的过程中，学生必须事先对自己进行分析和评价，然后根据自身特点选择学习任务、制订学习目标，并考虑实现目标的途径和方法。由于契约是学生自愿签订的，学生在自主决定学习任务的同时，也为自己的学习承担了责任。这就最大限度地减少了学生对分数的焦虑和学生之间的学习竞争，增强了学生学习的自信心与积极性。

第四章　基于教育生态学理论的高校英语教学

第一节　教育生态学的内涵

生态化教育是把教师、学生、教学内容和环境等要素看作一个交互作用的动态系统，并以此来建立一种整体、和谐和可持续发展的教学模式，最终实现共同发展的教育教学目标。

一、教育生态学理论来源与研究内涵

教育生态学是 20 世纪 70 年代中期兴起的跨越教育学和生态学两个领域的一门交叉学科，是生态学原理及研究方法在教育学中渗透与应用的产物。具体来讲，生态学是研究生命系统和环境系统之间相互作用的规律和机制的；教育学则是研究教育发展规律以及社会对教育的影响和教育在社会发展中的地位和作用的；而教育生态学是以教育学和生态学作为理论基础，借鉴这两门学科的研究方法并有所发展，依据生态学的基本原理，特别是生态系统、生态平衡、协同进化等原理与机制，研究各种教育现象及其成因，进而掌握教育发展规律，揭示教育的发展趋势与方向的一门教育学分支学科。

教育生态学提倡把教育放置于自然环境、社会环境、规范环境中，研究生态环境以及人的生理、心理环境中各种生态因子对教育所起的作用和相互关系，通过探究不同层次的教育主客体与周围生态环境因子之间的关系，为教育生态主体的良性发展建立一个科学合理的生态环境。它所揭示的教育生态结构、教育生态功能、教育生态原理、教育生态规律、教育生态行为、教育生态演替、教育生态检测与评估等多方面内容，与教育学和生态学的其他分支学科在内容和方法上都有着千丝万缕的交叉和联系，彼此间相辅相成、互相促进。目前，国际上对教育生态学的理论研究十分热烈，虽然总体上遵循了生态价值观念，但由

于彼此间研究重点、研究目的及研究范式的差别,势必产生一定的观点分歧。

美国学者劳伦斯·克雷明等人认为,应以教育为研究主体,并研究教育与生态环境的关系。他在其《公共教育》一书中指出,在教育生态学的研究当中,要运用生态学的原理与机制来考察"教育",用生态学的思维方式来思考现实教育问题。我们可以把教育理解为一个有机的、有别于其他层次生态系统的、相对独立的社会子系统,它与其周围的生态环境是紧密联系且受其影响的。因此,教育生态学旨在研究教育和能够对教育产生作用的生态环境(如自然、社会、文化等)以及二者之间相互联系与作用的机制。方柄林在他所著的《生态环境与教育》一书中则提出以生态环境因子为主体,重点研究各种生态环境与教育的关系,并着手建立环境对教育的影响体系。吴鼎福、诸文蔚合著的《教育生态学》一书则倡导应把上述两种体系一起来,从教育与其周围的生态环境的彼此作用和相互关系入手,以教育系统为研究主轴,剖析教育的生态结构与生态功能,同时,以教育的生态系统为研究横断面,继而进行扩展,建立起纵横交错的网络系统结构,并集中阐述其原理,揭示教育生态的基本规律。

基于这一点,教育的内部结构、生态分布及生态功能应成为教育生态学的基本研究对象;探究各个层次中的教育生态机制是该学科的主体研究过程;全面探讨教育领域中教育主客体与各种生态因子间的相互关系,并分析这些生态因子对教育作用的机制是研究的总体目标。

范国睿在其著作《教育生态学》中提出,研究者对于该学科的研究要善于考察、应对复杂多变的教育生态环境,探究教育环境与教育生态因子二者之间的动态关系,通过观察现象、分析成因来揭示发展规律,进而寻求良好方法与途径来合理优化多变的教育生态环境。

综上所述,教育生态学是研究教育及其因子与周围生态环境(包括自然的、社会的、规范的、生理的、心理的)之间相互联系与作用的规律和机制的科学。在教育事业蒸蒸日上的今天,它强调人们要把教育与其赖以生存的生态环境联系起来,动态培养并发展教育过程中的生态意识,以整体论和系统观的研究视角来解析并联系教育生态的各种构成。在信息技术迅速发展的今天,对计算机网络技术与英语课程整合生态系统的研究引起了人们的广泛关注。

二、教育生态学基本原理与生态规律

教育生态学中蕴含着丰富的基本原理与生态规律,它们是从生态学理论出发,研究教育及其内部各环节、各层次之间的本质、必然联系以及教育本身发展与外部生态环境之间相互影响的机制原理与作用法则。一般来讲,以研究对象为分类标准,生态学可以分为四个基本研究层次:个体生态、种群生态、群落生态和生态系统生态。联系到教育生态学中来，人们常把种群生态和群落生态结合为群体生态。下面将从个体生态、群体生态及生态系统生态三个层次对教育生态学中的基本原理与生态规律进行介绍，进而解析相关理论与计算机网络环境下的高校英语课堂教学的关联。

（一）个体生态理论

个体生态理论可以用来分析现今计算机网络与高校英语教学整合中生态主体与生态环境之间的关系。这一理论主要包括限制因子定律、耐度定律与最适度原则、花盆效应和生态适应原理。

1.限制因子定律

限制因子定律在生态学中也称最小因子定律。1840年，德国化学家尤斯蒂斯·冯·李比希通过研究各种化学物质对植物生长的影响，发现了谷类作物的产量通常不受它所大量需要的营养元素的限制，反而是受那些只是微量需要的元素的限制，而且只要稍微增加所缺的微量元素，谷物产量马上就会明显提高，这说明微量元素是影响作物增产的限制因子。

概括来讲，最小因子定律是指生物的生长受环境中最少资源的影响最大。因此，能够获取最少资源能力最强的生物才是资源配置最成功的生物。当该定律不断完善并与教育学相互融合之后便被称为教育生态学中的限制因子定律。随着教育生态学在具体学科教育中的应用拓展，限制因子定律可被用来解释外语教学现象并指导教学改革。寻找限制因子，将限制因子能动地转变为非限制因子的研究过程是使外语教学重新走向和谐的有效途径。例如，在计算机网络与英语课程整合生态系统中，"以学生为中心""学生主体—教师主导"的网络学习是顺应时代发展的生态化教学模式。教师的主导作用主要体现在为学生主体能力的培养提供指导与服务。

2.耐度定律与最适度原则

1911年，在最小因子定律的研究基础之上，美国生态学家维克多·谢尔福德提出了耐度定律。他认为生物不仅受生态因子最低量的限制，而且也受其最高量的限制，即生物对每一种生态因子都有其耐受的上限和下限，上下限之间是生物对这种生态因子的耐受范围，其中包含最适生存区。对生物产生影响的各种生态因子在生态耐受范围中相互作用，当温度与湿度达到适中时，生物生长的适合度最高。这一定律应用到教育中，"最适生存区"逐渐为教育生态学中的"最适度原则"所取代。在英语教学中，我们要了解学生的耐受度（即承受能力）是有限的，不能因为急于求成就对学生进行拔苗助长。如果超过了学生的负载能力，不但会严重影响整体教学效果，甚至还会阻碍学生身心的健康发展。尤其是在基于计算机网络技术的自主学习课堂中，部分学生由于自身没有掌握好自主学习策略，加之缺乏教师及时有效的监控指导，面对纷繁复杂的学科知识及计算机操作困难，便会产生严重的焦虑情绪，原本良好的教学设计很难收到预期的学习效果，严重的还会产生厌学的消极情绪，违背了教育生态学的整体性原则与最适度原则。因此，合理的网络英语自主学习的目标与进度的设定一定要遵循最适度原则中的"度"。

3.花盆效应

花盆效应也称局部生态效应。花盆是一个半人工半自然的小生态环境，相对于自然生态，它在空间上有很大的局限性，加之人工创造出适宜生长的温度与湿度的环境条件使得花卉和作物等生态因子的适应阈值下降，生态位变低。一旦离开人工的精心照料，这些植物就会枯萎甚至死亡。联系到英语教育，多年来我国的高校英语教学一直是在较为封闭的"花盆环境"下进行的，缺乏必要的二语习得自然语境。学生这一生态因子对于英语的学习多为应试压力高于兴趣培养，即使通过了全国大学英语四、六级考试，掌握了一定的词汇、语法、阅读、翻译及写作知识，一旦离开传统课堂教学这一"花盆环境"，语言的综合实际运用能力明显偏低。总结原因，其中最重要的一点就是学生缺乏必要的学习语境与训练机会。现有的计算机网络技术可为学生创设网络虚拟训练空间，打破课堂教学的时空局限，将学生的学习置于开放的生态系统空间之中，进而破解传统教学中的"花盆效应"。

4.生态适应原理

生态适应原理是指生物为了能够在某一环境中更好地生存繁衍，不断地从形态、生理、发育或行为等方面进行调整，以适应特定环境中的生态因子及其变化。趋同适应和趋异适应是生态适应的两种表现形式。国家、学校等各级各类教育部门根据教学环境的改变及时调整教学指导方向并努力完善教学后台管理，教师积极发挥教学中的主导作用并适时调整个人教学策略，学生及时充实及调整个人学习策略来提升学习主体的能力与地位，所有的这些趋同与趋异式调整都是为了最终更好地适应现代外语教学的发展与变化的客观需求。

（二）群体生态理论

群体生态理论可以用来分析计算机网络与高校英语教学整合系统的群体内及群体间的相互关系。这一理论主要包括生态位理论、最优采食理论和协同进化理论。

1.生态位理论

生态位是一个物种所处的环境及其本身生活习性的总称。每个物种都有自己独特的生态位，以跟其他物种区别开来。同一生态位上的物种之间会展开激烈的正面竞争，因此没有两个物种可以稳定地占据同一生态位。在计算机网络技术与英语课程整合生态系统中，各项教学组成要素具有各自不同的生态位，不会出现两个要素在地位与职能方面的完全重叠，一旦出现功能相近或相似，要素彼此之间就会展开冲突或正面竞争，其目的与最终结果都是资源间相互协调并实现系统内部的整体稳定。我们应注意到要素之间的平衡是动态的，在不同的教学环境中，师生地位的合理转换是保证教学有效开展的必要前提，如在多媒体讲授为主的课堂上，教师占主导地位发挥强大优势，而在网络自主学习课堂上，学生的主体地位则更为重要。

2.最优采食理论

最优采食理论是指自然界中动物的任何一种行动都会给自身带来收益,同时也会为此付出一定的代价。自然选择总是倾向于使动物从所发生的行为中获得最大的收益。在计算机网络技术与英语课程整合生态系统中,生态主体的任何一种行为都会在付出代价的同时获得收益。因此,生态主体往往会积极主动地选择能够使自身获得最大收益的行为。面对多媒体课堂教学和网络自主学习两类学习环境,聪明的学生会根据自身对不同知识的获取需要进行"最优采食",比如对于词汇、语法、阅读、翻译等多项基础知识的学习主要"采食"于教师为主的讲解课堂,对于听说口语训练、段落写作测试等多项综合能力的训练则主要"采食"于学生为主的网络自主学习。

3.协同进化理论

一个物种的进化必然会改变其作用于其他物种的选择压力,引起其他生物的变化,这些变化反过来又会引发相关物种的进一步变化,这种相互适应、相互作用的共同进化关系即为协同进化。在计算机网络技术与英语课程整合生态系统中,各生态主体之间存在着既相互竞争又相互适应的紧密关联,最终致力于获得共同进化。在计算机网络环境下的语言课堂教学中,师生间的有效互动是协同进化的主要途径,教学相长则是协同进化的积极结果,良好的协同进化会使学生成绩提高的同时教师也获得技能发展。

(三)系统生态理论

系统生态理论主张将生态系统作为一个整体进行分析。这里,我们主要运用其中的生态网理论与生态平衡理论来展望英语教学的未来发展。

1.生态网理论

生态学强调一张复杂的食物网是使生态系统保持稳定的重要条件。通常来讲,食物网越复杂,生态系统抵抗外力干扰的能力就越强;食物网越简单,生态系统就越容易发生波动和毁灭。在教育生态学中,人们习惯用生态网来代替食物网。构建复杂的生态网有利于计算机网络环境下的英语教学生态系统的稳定,越是复杂的生态网就越会增强生态系统抵御外来干扰的能力。比如构建师生交互式生态教学网,可以帮助各类学生及时获取学习资源和支持服务等,而"学生主体—教师主导"型教学模式能够明确师生功能,有助于交互式教学的顺利开展。

2.生态平衡理论

任何一个生态系统的结构和功能都是相互依存、相互完善的,从而使系统内各生态因子可以在一定时间内通过制约、转化、补偿、反馈等活动达到最优化的协调状态,在外来因素干扰下,通过自我调节可以恢复到原初的稳定状态,这就是生态平衡。实践证明,这种生态平衡是生物系统的一种相对的动态平衡。在计算机网络技术与英语课程整合生态系统中，生态平衡主要指英语课程生态因子对计算机网络技术的输入与输出的适应与发展、师生生态主体对于计算机网络环境的适应与调节，以及师生生态主体之间的彼此促进、和谐共存等。生态平衡既是未来我国英语教学健康发展的方向，更是其持续发展的途径。

第二节 高校英语教育生态化的构建原则

一、整体性原则

英语生态化教育模式应当遵循生态系统的整体性原则，该原则主要表现在理论和实践两个方面。

从理论上讲，一方面生态主体、课堂教学生态环境以及一些多元的生态因子相互作用，共同构成一个有机的整体。换言之，师生、课堂教学环境以及一些课堂教学赖以需要的因素共同构成英语生态化教育系统。在此系统中，学生的生态主体地位不容忽视，学生的发展至关重要。因此，英语生态化教育系统不仅要关注学生英语语言知识的学习，更重要的是，把学生看成一个完整的生命体，注重其情感态度、价值观念、意志力等的全面发展，给予学生完整的生命教育。另一方面，在英语生态化教育系统中，教师与学生也构成了一个统一的有机整体。教师是该生态系统中另一个生态主体，处于生态系统的主导地位，但英语教师课堂教学的方方面面都要以学生为中心，学生的一切发展，教师都必须全方位地关注，不仅要时刻关注学生的个体性差异，而且要尊重学生身心发展的规律。而学生对学习的态度、兴趣不仅间接影响着英语课堂教学的质量，而且直接影响着教师的教学态度与教学能力。

从实践上讲，英语词汇教学、语音教学、写作教学、阅读教学和语法教学彼此之间相互联系，共同构成英语教学。英语的阅读教学遵循着生态系统整体性原则。英语阅读教学是基于学生对于英语阅读材料的精读或略读，在阅读中学生不需要理解每个单词详细释义。词构于句，句构于文，这些元素于无形处紧密相连。所以，我们要从生态系统的整体性视角来看待一篇英语文章，这样有助于学生对于文本的整体感知与理解，更有利于文本感情的表达。如果将一篇文章割裂成单词、短语、单句等形式，那么文章的整个语境都会被改变甚至会被破坏，文章语义自然也会发生改变，这并不利于学生英语基础知识的习得。

二、可持续发展原则

《我们共同的未来》中对可持续发展的定义如下:"既可以满足当代人的需求,又不会对满足后代发展所需要的能力构成危害的发展。"可持续发展直面眼前的利益,但更放眼未来,强调在社会建设中应注重人类、环境等多方面的共同而持续的发展。教育系统作为社会系统的一个子系统,承担着培养生态主体,即人的重任。英语教育系统应遵循可持续发展的原则,以促进学生的可持续发展为教育目标,让学生学会学习。只有拥有了学习的能力,学生才能在一生中富有旺盛的个体生命力。并且,除了学生英语学习能力的培养和发展,英语教学同样也应当重视学生的心理发展和身体发展。学生的发展是由多方面构成的,缺少了任何一方面,都不可能可持续地发展。此外,英语教学系统作为一个完整的发展系统,是由教师、学生、环境等部分组成的,因此不能忽视每一个生态因子的作用,应当注重整体的发展。

三、人本性原则

人本性原则就是坚持以人为本。我们在构建英语生态化教育模式的过程中,必须坚持以人为本,具体地说,就是以学生为中心,建立和谐的师生关系,实现师生共生的价值追求。以人为本是人本主义教育思想的核心内容。人本主义教育思想古已有之,中国古代传统的儒家"人本"教育思想肯定人的价值,认可人的潜力,重视人的个性。他们认为,教育的功能就在于帮助人们认识自己的价值,发挥自己的潜能,发展自己的个性,实现自己的价值。二十世纪五六十年代,美国兴起人本主义教育思潮,崇尚心智潜能的自由运用和个性和谐发展的教育理念,肯定人的价值和尊严,认为教育的目标就是促使人的潜能得以发挥。根据人本主义思想,每个人都有各自的价值,都有不同的潜能,都有差异化的个性,教育的过程,就是帮助每个人发现自己的价值、发挥自己的潜能、发展自己的个性、获得自我实现的过程。我国当代教育人本论的核心思想也是"以人为本",以人性为本位,尊重、关心、理解、信任每一位学生,帮助学生发展个性、实现自我。不同历史时期的人本主义教育思想虽有所不同,但却具有一些共同的特征:①重视"全人"教育,以个体的全面发展为教育目的;②重视建设和谐的师生关系;③教学过程重视学生的主体作用。

四、主导式自主学习原则

在多元互动式教学模式的作用下,主导式自主学习作为英语学习的手段与模式,已经成为必然的选择和客观现实。这种学习模式要求学生在教师的客观指导下，结合自身的特点制订具体的英语学习目标，自主地学习英语，使教师的参与度与学生学习的主观能动性呈现有机、良性、生态化的结合。有关研究表明，学生自主学习能力的培养与提高和教师参与、干预的释放程度相关。在这里，主导是学生主动认知的基础，是学生自主学习的前提和保证。主导式自主学习模式是对多元互动式教学模式的延伸与补充，是提高教学效果的基本条件。主导与自主密不可分，相伴同行，彼此印证。网络环境下的英语生态化教学是一个极其复杂的动态过程。学生只有在教师的适度指导下，才能主动、有效地认识世界，才能成为具有可持续发展潜力的知识建构者。同时，在学习英语的过程中，学生的认知水平不同，对英语的需求不同，英语基础也参差不齐，当面对眼花缭乱的网络英语资源时，只有通过教师有计划、有目的、有针对性的指导，学生才能正确评价自我认知水平，明确自己的学习目标，制订合理的学习计划，选择适合的学习策略，把握学习英语的进度，顺利完成学习任务。教师在发挥主导作用时要注意以下几点：一是要充分考虑学生的个体性差异；二是要在真实的语言环境中指导学生的英语实践活动，逐渐提高学生的英语水平；三是利用网络环境有针对性地为学生提供丰富的英语学习资源，但是要注意把握适度、适量的原则，逐步引导学生自主学习更多的英语知识。

五、有效性原则

有效性原则就是坚持有效教学，坚持以好的教学成效作为一切教学活动的目标指向和评价标准。在构建英语生态化教育模式的过程中，教师必须以追求好的教学成效为出发点，创建生态课堂，实现有效教学。

自有教学活动以来，人们就一直追求教学的有效性。孔子倡导启发式教学和因材施教，认为学生要"温故而知新""学而时习之"。苏格拉底倡导"产婆术"，即教师通过讽刺（连续设问使学生陷入矛盾并承认无知）、助产（启发学生思考）、归纳和定义（帮助学生掌握明确的定义和概念）等步骤传授知识，这些都是对教学方法及其效果的关注。有效教学则源于20世纪上半叶西方的教学科学化运动，比较早的、系统的相关研究出现在二十世纪六七十年代，我国则于20世纪80年代初期开始关注对有效教学的研究。当代中西方关于有效教学的研究主要聚焦于有效教学的概念、特征、分析范式、研究方法和评价标准。

有效教学的概念并不难理解，但定义很多，学界尚未形成统一的看法。陈晓端教授等对西方的有效教学研究进行系统考察后发现，西方学者对有效教学的解释可以归纳为以下3种：①目标取向的定义。比如，有些学者认为，有效教学就是指学生在教师的指导下成功实现预定学习目标的教学。②技能取向的定义。比如，有学者认为，有效教学就是通过一系列可获得、可改进、可发展的教学技能来完成的教学。③成就取向的定义。比如，有学者认为，有效教学就是能够帮助学生提高学习成绩的教学。皮连生等认为，从科学取向的教学论来看，有效教学的理论必须明确回答 3 个问题：①带领学生去哪里？②怎样带领学生去那里？③怎样确信学生已经到达那里？这 3 个问题旨在确定教学目标、关注实现目标的过程和方法、评价追求目标的过程与方法是否有效以及目标是否实现。

简单一点理解，有效教学在目标上就是促进学生知识、能力、性格的健康发展，在过程上就是教师有效地教和学生有效地学，在结果上就是实现预期的教学目标和教学效益。构建英语生态化教育模式，正是要充分利用现代信息技术，提高英语教学成效，提升学生英语实际应用能力、自主学习能力和跨文化交际能力，同时改变社会上对英语教学"费时低效"的指责。因此，构建英语生态化教育模式从一开始就应以有效教学为目标指向。

第三节　基于教育生态学理论的高校英语教学策略

一、更新英语教学观念

（一）变控制性学习为开放性学习

开放课堂学习模式实质上就是要求学生自己调节学习过程、让学生为自己的学习行为负责的学习。开放性学习实质上是将课堂权利向学生开放，由此带动学习思想观念的开放，学习时间、空间的开放，学习方式的开放，学习体会和感受的开放，学习决策过程的开放和学习环境的开放。开放性学习方式既有助于发展学生个性和提高学生学习自主性，还有助于激发学生的学习兴趣，发挥学生多方面的潜能，增加学生与教师、同学、资源等之间的交互。

（二）变接受性学习为探究性学习

接受性学习虽然有别于被动学习和机械学习，但它只着眼过去，是掌握现成知识的一种学习方式，缺乏探索和发现精神，不利于创新能力的培养。相反，探究性学习强调的却是探索学习和发现学习。探究是人类的天性，通过探究，个体能够建构自己对于自然及人工环境的理解，乃至对自身的理解。探究性学习包括模拟驱动的探究性学习（将某个事件或人物作为榜样进行效仿）、兴趣驱动的探究性学习和问题驱动的探究性学习。相对于接受性学习，探究性学习具有开放性、自主性、过程性、实践性等特点，有利于学生创新能力的发展。

二、建构生态化的课堂环境

（一）物理环境

1.教室布置

教室是英语授课的主要场所，生态性的教室环境是保障英语生态教学课堂的前提条件。教室要宽敞明亮、温度适中，整体格局合理、紧凑；墙上可以挂一些学生自己画的海报、写的书法作品等，窗台上摆放一些花草植物，给学生提供一个亲切、自然的课堂环境。当然，教室内的摆设也应根据活动的不同而灵活改变，带给学生一种新鲜感。

2.座位编排

不同的座位编排方式体现了不同的教育思想，我国主要推行班级授课制，所以行列式座位编排也成为国内最主要的教室座位编排方式，这种方式使教师成了英语教学课堂的中心。近几年，随着教学的改革，行列式的座位编排也受到了批判，并逐渐出现了圆桌、马蹄等生态型的座位编排。

3.班级规模

研究发现，当一个班级的规模超过 30 人时，教师对学生个体的关注减少，而把主要精力放在控制整个课堂上，学生也会在课上承受更大的群体压力并失去主体性。所以英语生态化课堂教学应尽量采用小班授课形式，人数不超过 30 人，使得在课堂上教师能关注到每个学生的发展，并集中培养学生学习英语的兴趣，鼓励每个学生都参与到课堂活动中来。

（二）精神环境

除了自由、舒适的教室环境，自由自在、和谐健康的心理环境也是英语生态化教育环境的重要组成部分。心理环境又称精神环境，是对心理事件发生实际影响的环境，因此它也是英语生态化教育环境建构的关键，它影响着学生的学习心理。英语生态课堂的任务就是创建自由、轻松、愉快、和谐的学习环境，其中教师发挥着关键作用。教师要倾听、理解、尊重、平等对待每个学生，让其在课堂上感觉到轻松、愉悦和无压力，这样其对英语学习的兴趣与热情也更强。

三、优化教学中的人际关系

（一）师生关系的优化

第一，注重师生情感互动的加强。在教学中，师生之间存在着不可避免的冲突，要想解决这些冲突只能通过对话的形式。师生之间平等和谐的对话需要教师本着"有教无类"的原则，用充满关爱的互动方式来营造和谐、愉悦的课堂环境，这样才有助于师生情感互动的加强，有助于引导学生的学习意向。如果一名学生感受不到教师的关爱，未必是这名教师不爱学生，而可能是师生之间的沟通深度的缺乏或互动的方式不正确所致。生态化英语教学强调师生的主体性以及他们之间的相互关系。教师的主体性体现在通过教学的手段，将课本的知识、相关的信息呈现给学生，以此来激发学生的主体性。而学生的主体性则体现在学生作为教学中的主体之一参与教学活动。教师和学生之间存在着双向互动的对话关系，这种对话的过程需要经过不断的调节，且这种调节是以理解为导向。教师应将学生作为独立的个体去帮助、引导、关爱。学生可以将教师作为学习上的指导者、生活中的引导者，在教师的指导下，通过各种方式包括实际体验、小组合作等来完成学习任务，并且在学习的过程中，不断地进行学习策略、情感态度的调整，形成积极的学习观，促进自身英语学习的提高。

第二，注重师生交往生态空间的扩展。在现实的学校教学中，一位英语教师需要担任两到三个班的英语教学工作，教师没有足够的时间和每个班级的学生有除了上课外更直接的交流，师生双方的交往无论是在时间上还是空间上都有很大的局限。而生态主义认为，每一生态系统既完整又开放，只有不断与外界进行信息的交换，才能维持生态系统的和谐稳定。英语教学系统如果要进行良性的发展，就必须将教学的空间拓展，增加师生之间的交流时间，将师生交往的空间扩展到教室之外。

（二）生生关系的优化

第一，要关注学生群体内部的生命生长。在生态化英语教学的优化措施中，学生群体的健康生长对学生个体之间关系的良性发展起到了相当重要的核心作用。从学生个体看，学生和学生之间存在着差异性，虽然年龄相仿，教育背景相仿，但是学生的生活背景、爱好、兴趣都有着很大的差别。正是因为这些差别，每个学生都是独特的个体，需要教师实施有针对性的教学。同时，学生作为生长中的个体，心理处于不断变化中，且容易受到环境的影响。因此，教师应当关注学生群体的内部关系，并采取措施优化关系。

第二，充分发挥"群体效应"。学生群体按组织形式可分为正式群体和非正式群体。任何群体都存在着凝聚力的特征。教师在从事英语教学的过程中，要充分发挥这两类群体中的积极因素的作用，带动整个群体的发展，形成良好的学习风气。对于群体中的消极因素，教师也不能任其发展，要时刻关注，尽力消除。作为任课教师应该对班级中的各个群体都有所了解，适时发挥群体的作用，促进群体内学生的互相促进、互相学习。

四、建立分级分类培养体系

分级分类培养指按照学生在学习水平、学习需求、学习风格等方面的差异性而分班级、分层次、分类别组织教学的一种人才培养方式，这种培养方式会带动课程、教材、教师、教学方法等课堂生态因子的差异化配置，从而形成一种不同于传统的按原初班级组织教学的新型培养体系。这种培养体系主要针对高校英语教学而言。一般来说，分在同一级别的学生具有英语水平、自学能力等方面的相似性，生态位基本相同。教育生态学认为，处于同一生态位的教育生态个体之间，由于所处的层次相同，面临的问题相近，在一些关键时刻，竞争尤为激烈，这种同一生态位下的竞争，有其积极意义，能起到鼓舞斗志、增强学习动机的作用。

高校英语分级分类教学在我国最早出现在 20 世纪 90 年代，当时迫于师资严重短缺、学生人数急剧上升等因素，同时考虑到分级分类教学对提升教育教学质量的积极作用，一些高校开始积极探讨分级教学。随着现代信息技术的迅猛发展，分级教学面临的一些操作层面的困难都能迎刃而解。目前，分级教学主要是根据学生的入学水平进行分级。对同一级别里的学生，还可以让他们根据自己的学习风格以及对不同教学风格的适应性，选择同级别内的不同班级学习，或根据喜欢的教师选择班级学习。选班的周期可以控制为每学期一次，也可以定为几周一次，甚至每周一次。从管理的便利性以及师生关系的良性发展来看，建议以每学期选课一次为佳。如果师生之间的适应性好，学生可以在第二学期甚至第三学期继续选择相同教师的课程；如果师生之间的适应性不佳，则可以在第二次选择中规避，这样有利于师生关系的良性发展和学生的健康成长。

不难看出，在分级分类教学中，不同级别、不同类别的班级教学目标不同，培养方案也不一样。具体地说，就是选择的教材、学习的进度、教学的手段、教学的方法、评估的内容都应该有所不同。这种差异化培养体现了个性化教学的理念，较好地满足了学生个性化发展的不同需求。

最后需要指出的是，任何事物都有两面性，分级分类教学也不例外，既有其优点，也有其缺点，但就高校英语教学来说，其优点毫无疑问要多于缺点。反对分级分类教学的主要观点是，分级分类教学会在一定程度上挫伤低起点学生的自尊心和自信心，也影响低起点班级学生的课堂参与度，而且似乎有违"有教无类"的教学原则。但是由于高校英语的覆盖面广，修读的学生人数多，学生的差异性大，实行分级分类培养具有可操作性，更有利于提高教学效率。将学生进行分级分类教学，并不违反"有教无类"的原则，因为将学生分级分类，并不是为了放弃后进生，而是为了提高教学效果，更好地培养他们。至于对低起点学生自尊心的影响,恰恰需要教师对学生进行正确的引导和解释,消除分级分类教学可能带来的负面效应。

五、实行多元化发展性的评价制度

科学的英语教学评价方式应具备科学化、系统化和民主化等特点,采取多元化、发展性的综合考核方式,侧重听说等运用知识能力的测试,尤其是注意通过建立情境的方式,来测试和提高学生运用语言的能力。

第一,实行学业测评与水平考核相结合。这种测评体系既能考查学生的英语水平,又能调动学生的听课积极性。因为学业测评可考核学生对所学教材的掌握程度,水平考核可确保各级别都能考查听、说、读、写的能力,即接受能力、产出能力、互动能力。

第二,配合多级别教学改革,采用多级别考试检测。各级别教学结束后各自可采用主、客观考题形式,合理分配题量;同时,按试题难易程度分配等级,如60分以内为D级水平,75分以内为C级水平,85分以内为B级水平,85分以上为A级水平。这种评估可促进考试成绩的公平合理,有利于学生滚动调级,既照顾到了各级学生的实际情况,又能区分学生的真实水平。

第三,实施多功能、多方位测试策略。教师可以将学生的入学英语成绩、作业资料、单元测试、参加各种英语竞赛的情况做详细备案,定期进行总结和评估,作为一种检测项目,以衡量学生的常规学业状况。这种多功能的测试可以使学生在达到指定标准后方可参加不同级别的测试,有利于宏观管理、个体参与,体现学生学习的自主性和考试的个性化。

六、发挥思维导图的激励作用

(一)思维导图的概念

思维导图,又被称为"脑图"或"心智图",是著名记忆巨匠托尼·博赞提出的。它既是一种利用发散思维的可视化工具,又是一种有效记忆的工具,还是一把开启大脑智慧之门的钥匙。

思维导图是一种利用发散思维的可视化工具,而发散思维又是人脑最自然的思考方式。进入大脑的每一条信息包括文字、声音、图像、图形、色彩、气味、感觉、音符等都可以作为一个个的信息团表现出来,每一个信息团可以向周围放射出成千上万条分支,每一条分支上代表一个联想,每一条联想又会向其四周继续形成无数条分支,形成下一级结构,这样逐级发散下去,直到目标实现。思维导图正是基于这样的方法完成的。它只有一个中心词,使用者根据这一个词引发联想,运用放射性思维向外扩展,逐至一级、二级、三级……再使用不同颜色的笔和不同粗细的线条勾勒。思维导图将利用放射性思维思考的过程和结果呈现在纸上,图立马变得立体、丰满起来,各部分之间的关系也一目了然,这能够帮助使用者理清思路,保持高度注意力,从而提高记忆效率和记忆效果。

思维导图是一种有效的记忆工具,最初是为了改变刻板的做笔记的方式而创造的。博赞在创造的过程中受到了达·芬奇和爱因斯坦的启发,达·芬奇的笔记用图像、插图、表和符号等记录自己的思想,核心部分是一幅幅的草图,他将思维导图与思维完美结合起来。爱因斯坦也是以图像或者图表的形式记录自己的想法,十分注重想象力的作用。运用思维导图记笔记,可以用图像、色彩、线条等将一段段枯燥的文字转化成一幅幅多彩的图画,同时将思考的过程完整地呈现出来。这样的方式能够提高知识进入大脑的兴奋度,从而提高记忆的效率。

思维导图是一把开启大脑智慧之门的钥匙。博赞说过,思维导图是发散思维的表达,因此也是人类思维的自然功能。它是一种非常有用的图形技术,是打开大脑潜能的万用钥匙。在日常生活中,人们大部分使用左脑,右脑的功能往往被搁置起来。经研究发现,人类对脑的使用率只占整个大脑机能的 4%~6%,即便是爱因斯坦这样伟大的天才也仅仅应用了 18%。在记忆方面,绝不能忽视右脑的重要作用,要充分挖掘其潜能,充分调动左、右脑高效率运行。而思维导图能够充分协调左、右脑的功能,将左脑的抽象逻辑思维(包括词汇、阅读、数字、推理、分析等)以及右脑的形象思维(包括节奏、空间意识、形象、情绪情感等)调动起来,利用图形、线条、色彩等将一段段枯燥的文字变成一幅幅系统化的、条理清晰的、充满趣味的图片。

(二)思维导图激励作用下的英语生态化教育模式优化设计

1.课前:师生共同绘制思维导图,确定教学主题,明确教学目标

良好的英语教学离不开教师的有效干预和正确引导。在课前阶段,教师要发挥其主导作用,根据教学大纲的要求适时为学生提供本节课程的教学主题及所要达到的教学目标。教师可以利用可视化的思维导图工具,将主题与目标以直观的导图形式呈现给学生,防止学生产生网络学习的盲目性,同时也方便学生进行课前预习。为了挖掘与培养学生作为生态主体在网络环境下进行自主学习的能力,教师在此阶段可以仅提供给学生思维导图的主干形式,并合理分配预习任务,让学生积极参与到思维导图的细化过程当中,进一步完善相关子主题内容的绘制。学生在明确了教学主题与目标后,可以根据个人兴趣爱好进行选择性预习。如果学生在此时遇到了难题,他们也可以自主形成学习协作小组,通过合作方式来完成相关学习任务。

2.课中:细化思维导图,鼓励协作学习,实现高效网络课堂教学

在网络课堂教学过程中,教师既要对学生做的课前预习给予肯定,又要鼓励学生实现小组协作，这样才能真正实现高效的网络化教学。教师可以辅助学生实现分组协作，同学之间也可根据课前预习的内容类别及个人兴趣爱好自行合作，在确定了小组概念之后，继续利用已有的思维导图进行知识细化。其间，同学之间可以通过协作来细化导图的子主题，并根据兴趣爱好自行确定小组分支主题，对已获取的网络信息及学习素材进行简单整理，小组内部基于学习主题分支进行有效信息筛选，细化包括情境设置、语言选用、要点分析、能力扩展等多项子主题在内的导图绘制，并借助QQ、微信等实现信息共享。同学间的互相补充、取长补短成为学习小组间交流和讨论的有效形式。此时，教师要给予基于主导图概念下的协调与指导，及时更正子主题中的错误信息，避免学生进入偏差误区，提高实训效率。

3.课后：师生及时反思，完善修改个人思维导图

无论是哪类课型，师生均需要在课后对先前绘制的思维导图做进一步的思考与完善。教师完善个人思维导图，可以更好地指导学生开展下一期课堂教学，了解学生的兴趣及需求，真正实现因材施教，最大限度地发挥生态教学的优势。学生修改个人思维导图，及时进行课后复习，有利于知识的整理和汇总，将自己的学习心得添加在内，可进一步深化对课程教学目标的理解，增强自主学习能力。

第五章　基于文化教学理论的高校英语教学

第一节　文化教学理论的内涵

随着经济发展的日益全球化，英语已经成为全球性语言，在国际政治、经济、文化、商贸和信息流通中扮演着重要的角色，在日益频繁的国际交流中发挥着重要作用。从世界范围看，信息技术的发展、网络的迅捷传播为各国家、各地区之间的信息交流提供了条件，也为教育的国际交流带来了广阔的发展前景，使人类文化的发展沿着相互补充、接近和吸取的轨迹前进。世界各国处于一种越来越开放的状态，具有较强英语交际能力的各个领域的专门人才更能满足社会发展的需求。因此，在英语教育中如何融合文化教育的问题引人深思。

一、语言与文化的关系

语言与文化的关系十分密切。弗迪南·德·索绪尔把语言和其他文化现象联系起来，提出建立符号学，其最终目的是探索各种指示行为所共有的特征，认识它们的内在结构和系统。符号学考察了符号在文化中的运行方式。理解一种文化，就意味着对它的符号系统进行探测和解释。符号只有借助人们有意无意采用的文化惯例和规则得到破译，才会呈现出意义。美国语言学家爱德华·萨丕尔在《语言》一书中就指出："语言的背后是有东西的，而且语言不能离开文化而存在。"语言与文化关系复杂，这有几层意思：一是语言与广义的文化关系；二是语言与狭义的文化关系，如思维的关系等。关于语言与广义的文化关系，学者之间的意见分歧并不大，但关于语言与狭义的文化关系，学者之间的意见并没有统一。各个研究者对二者间的关系各持己见，归纳起来，大致有以下几种观点：

（一）语言就是文化，是一个民族文化中的核心部分

德国语言学家威廉·冯·洪堡特指出，一个民族的语言就是他们的精神，一个民族的精神就是他们的语言。语言是一个民族所必需的"呼吸"，是灵魂所在，一个民族的特性也只有在自己的语言之中才能获得完整的映照和表达。

（二）语言是文化的一部分

雷金纳德·福斯特认为，任何语言都是习得的行为方式的复杂体，语言也是一种文化现象。人们完全有理由认为，语言只是文化的一部分，而不能说文化就是语言。也就是说，文化不等于语言，文化大于语言。然而这种包容关系只是语言与文化之间的复杂关系的一个方面。一个社会的语言是该社会的文化的一个方面，语言和文化是部分和整体的关系。语言作为文化的组成部分，其特殊性表现在：语言是学习文化的重要工具，人在学习和应用语言的过程中领略、认识文化。社会语言学家理查德·赫德森认为，语言的大部分内容包括在文化之中，语言与文化的交叉部分就是从他人处学来的语言部分。也就是说，除了不是从他人处学到的部分外，语言是完全包括在文化之中的。语言与文化之间是一种交叉关系。语言系统本身是构成文化大系统的要素之一，文化大系统的其他要素都必须由语言来传达，从而得到演变发展。换言之，人们可以观察到语言作为文化的一部分和作为文化传播媒介的双重性质。这种双重性质确定了语言与文化的不可分割性。

（三）语言是文化的载体

语言是文化传播和传承最重要的手段；语言是文化的主要表达形式和传播工具；语言是人类思维的工具，是人类形成思想和表达思想的工具。人类思想的形成借助于语言的同时又要通过语言来表达。语言是一面镜子，它反映了各种社会以及不同社会不同历史时期的文化特征。人们学习语言、运用语言，同时也是在学习文化、获得文化。

（四）语言和文化相互制约、相互影响

比尔·波特认为，语言是文化的产物，人们对语言的理解受到特定文化经验的制约。语言对文化有反作用，语言和文化互为结果。人类学家布罗尼斯拉夫·马林诺夫斯基认为，语言是人的习惯或习俗，它与其他习俗一样，是精神文化的一部分，语言的学习也是文化的学习。文化对语言来说，不仅是一个存在环境的问题，还渗透到了语言形成与发展的各个方面。语言既反映文化，也反映语言本身。语言是文化产生和发展的关键，文化的发展也促使语言更加丰富和细腻。语言与文化之间的关系是双向的影响制约关系，语言对文化有制约，文化对语言也有影响和制约。

总之，语言是文化的载体，凝聚着一个民族的文化发展成果。文化是一个民族或群体共有的行为模式和生活方式，是一个群体共享的思想、信仰、情感和行为的总和。语言是一种主要的交际模式，文化构成交际环境，语言和文化有着密切的联系。对于精神文化而言，它的形成和表达更是离不开语言。但语言，包括它的使用方式在内，是不能超越文化而独立存在的。文化的发展能够推动和促进语言的发展。同样，语言的发达和丰富，也是整个文化发展的必要前提。

二、语言教学与文化教学的关系

早在 20 世纪 70 年代就有人提出，在外语教学中应该融入文化教学，主要是因为：第一，在与运用另一种语言进行交际的人进行交流时需要用到的不仅仅只是这一民族的语言知识技巧，同时对于这一民族语言的文化习惯与期望值的理解也有着一定的依赖性。第二，跨文化交际能力作为一种素质培养，本身也是现代教学的一个目标。若是学习一门外语却不能够对其深邃的文化内涵有所理解，那么所有的努力就显得有些徒劳了。任何一个民族的文化传统与生活方式乃至于宗教信仰、民族心理，都有其固定的思维模式，而这一切的形成，都同语言的积累传承有着密不可分的关系。

语言同文化有着密不可分的关系，学习语言的过程就是对这种文化进行学习的过程。任何一个民族语言都体现着这一民族的文化传统。综观语言同文化的关系，语言不仅仅只是文化的体现者，同时还是文化的组成部分。一个民族的语言是同其文化相对应的，语言与文化之间彼此紧密相连，共同作用。

因此，学习一种语言的时候，不理解文化就很难理解语言；如果要很好地理解文化，则需要具备良好的语言基础。扎实的语言基础是理解文化深邃意蕴必备的条件，良好的语言基础对提升跨文化交际能力具有很大的作用。在跨文化交际中，语言能力与文化素养是两个必备的素质。

不过，在具体的高校英语教学实践中，语言与文化这种彼此相依的紧密关系仍然没有得到很好的实践应用。在教学实践过程中，教师一般比较重视语言的知识技术性，却没有足够地重视英语学习的文化性，使语言与文化成了隔离的状态。而且，长期以来，学生的学习与教师的教学重点都停留在语法、词汇等层面，很少关注语篇的整体结构以及学生跨文化交际的素养。

第一，语言与文化的教学应该是一个同时共进的过程。教师在进行语言教学的同时也不能忽略文化教学。具体表现就是语言学习机制和文化学习机制同步进行，相互协调，就如盛言所说的那样，在学习第二语言时，往往形成一种"自我疆界"。另外，要知道文化的学习就是为了超越所谓的这种"自我疆界"，或者是至少要使这种"自我疆界"有所拓展，从而使这两种语言的文化在接触时不会产生障碍。学习者要以目的语言的思维方式、目光视野来对问题进行思考、认识、理解，真正达到移情的理想境界，从而获得全新的"自我认同"。

第二，语言教学与文化教学相互依存、互为条件。要想对一种文化有深入了解，必须熟练掌握这种文化的语言。同时，若想更好地掌握一种语言，那么就必须对这一语言的文化有深入的认识。没有语言的文化教学，是无源之水；没有文化的语言教学，则是枯燥乏味的。若是从培养学生的能力素质层面来看，只重视语言的讲授而不进行文化的培养，学生能够学到的只有机械的语言知识与技巧，根本不可能进行合适得体的跨文化交际。文化教学对于拓展学生学习语言的深度与广度具有重要的意义，能够极为有效地提升学生的语言学习效果。

第三，语言教学和文化教学又是相互兼容、不可分离的。语言和文化是一个整体，无论在进行语言教学的时候运用哪种教学方法，都离不开一定程度的文化教学。根据现代教学理念的观点，语言教学只有同文化教学成为一个有效的整体，才是真正意义上的现代教学。

三、高校英语文化教学的重构

内德·西利提出了文化教学的七个目标：
①帮助学生完善文化条件下的行为，对所有人都表现出文化条件下的理解。
②帮助学生增进对人们言行产生影响的社会内容的了解，如年龄、性别、社会阶层和居住场所。
③帮助学生培养对目标语文化中一般情况下习惯性行为的兴趣。
④帮助学生培养对目标语言中字词的文化蕴含意义的兴趣。
⑤帮助学生培养用准确的证据来评价目标语文化的归纳能力。
⑥帮助学生掌握目标语文化信息所需的技能。
⑦刺激学生对目标语文化的兴趣，并鼓励对目标语人产生认同感。

这七大目标可以视为外语学习者文化知识学习的终极目标。毫无疑问，我国的文化教学研究已经取得了一些成就，但其中存在的问题也是显而易见的。针对这些问题，我们应该对高校英语文化教学进行重构。

（一）进一步加强文化教学理论研究的实际运用

戴尔·海姆斯认为，仅仅学习某种语言是不够的，还必须学习怎样使用那种语言，即必须掌握使用那种语言进行交际的能力。但是根据张红玲对上海 204 名英语专业和英语复合型专业的学生进行的有关中国外语教学中文化教学现状的调查可以看出，"学生文化知识和文化能力较之其语言知识和能力相距太远"。尽管我们在文化教学的理论研究方面收获颇丰，但在语言课堂上的实施远远落后于理论研究，多数教师仍以输入语言知识为主，即使一些教师在课堂上涉及了文化内容，也是只略谈他们自己个人的喜好，所教授的文化教学的内容缺乏系统性。

（二）加强母语文化教育，培养文化平等意识

胡文仲先生指出，跨文化教育主要研究的内容有：①文化差异及其对于交际的影响；②不同民族和不同文化之间的共同点和差异；③跨文化接触及场合；④语言及文化，双语教育及翻译问题；⑤特殊的文化模式及其对于跨文化交际的影响；⑥非语言交际；⑦内圈和外圈的组成以及民族中心主义；⑧文化休克和文化适应；⑨民族、种族和亚文化；⑩对不同种族、民族和国家的成见。

高校英语教育的任务不仅是语言知识的传授和语言技能的培养，更担负着培养跨文化交际人才的重任。基于跨文化交际中出现的"中国文化失语症"，高校英语教学必须重视母语文化教育和文化平等意识的培养，其间应不断渗透中国文化元素，培养学生强烈的民族自豪感和文化平等交流的意识。在高校英语教学中对学生实施价值观引导，是完成高校英语教学目标要求的重要手段。跨文化交际是双向的，外语学习者既要学习和理解目的语文化和本民族文化，也要学会这些文化的外语表达，以达到文化双向融合的目的。

在文化教学中，学习主体具有多元化特点。学习主体在知识、能力等方面的差异导致了他们学习效果的差异。教师应当针对他们的不同特点，利用针对性的教学材料，突出学生主体的个体性，对他们进行思维能力的训练与培养，合理进行价值观引导。

（三）提倡教师发展，提高教师队伍素质

安德鲁·冈萨雷斯认为，应该培训英语教师的文化教学能力，外语教师应像政府部门的外交官或其他官员一样，了解本国文化和目的语国家的文化。罗德·埃利斯也认为，理想的英语教师应充当文化的调停者。调停的一个方面，就是在两种不同的文化中寻找一致性。高校应建立严格的教师培训制度，这是外语教学成功的一个重要保证。高校应对教师进行语言学、心理语言学、社会语言学、心理学、教育学以及二语习得、语言教育学等应用学科的知识的培训，以期达到有效地提高教师的业务水平的目的。高校应在英语教学大纲中确立操作性强的文化目标，而且在不同的外语学习阶段，文化目标的重点也应有所不同，因为不同年龄段学习者的智力能力和语言能力是不同的，母语及相关的文化知识的发展水平也是不平衡的。

（四）文化测试与语言测试相结合

长期以来，我国高校的语言测试主要以翻译、词汇、听写及填空等形式出现，注重的

是语言技能的测试。面对考试的压力，学生无暇顾及似乎与考试无太大关系的英语文化知识的学习与积累。高校缺乏有效的考试系统来评估文化学习和文化教学的效果。针对学生对中国文化及其英语表达的生疏，教师可以选择一些以中国文化为话题的作文，提高学生对文化的敏感性和自觉性。为了提高文化教学的效率，高校有必要把语言测试与文化测试有机结合，在语言测试材料中涵盖文化信息。

外语教育必须同时培养学生的语言能力和文化能力，注意培养学生的跨文化意识和跨文化交际能力。学生可以通过学习目的语，反思自己的母语，了解语言的普遍规律；通过母语文化与目的语文化的交流，反思母语文化，以增进对母语文化的理解；将母语文化和目的语文化进行比较，培养文化移情态度，克服跨文化交往中的文化冲突，成为具有多元文化视野的跨文化人。

语言与文化的这种相互依存的关系决定了语言教学中文化所占据的重要地位。外语教学中加入目的语文化教学已经普遍被语言学家和教育家所认同。外语教学的过程既是一个语言学习的过程，又是一个语言使用的过程，更是一个文化学习的过程。一个科学完整的外语教学体系，必须把外语语言教学与文化教学紧密地结合起来，注重目的语文化的输入和中国文化的输出，以培养学生的跨文化交际意识和有效得体的跨文化交际能力为最终目标。对于语言和文化关系的理解，直接涉及教学思想和教学实践，我们不应该一谈文化在教学中的重要性，就简单地将文化作为教学中的出发点和归宿，忽视语言自身的教学。文化虽然是语言教学不可或缺的一个方面，但如果没有语言作为载体，文化也就成了无源之水、无本之木。文化知识的导入应在语言教学的大前提下进行，不能让文化教学喧宾夺主。总之，教师应当注意在教学中处理好文化内容和基础知识的关系，分清主次。

第二节 文化教学在高校英语教学中的地位和作用

一、文化教学在高校英语教学中的地位

通过对我国英语教学历史的简要回顾和文化教学概念内涵的分析，可以明确英语教学引入文化因素以更新传统教学内容和教学方法的必要性，以及把文化教学作为英语教学组成部分的可能性。那么，从理论与实践的结合看，文化教学在英语教学中究竟应占有什么样的地位呢？这是必须认清并做出明确回答的问题。

（一）文化教学可作为英语教学的基本原则

在过去相当长的一段时期，我国的英语教学都没有突破单纯语言知识、技能训练的框架，教学主要是围绕词语结构或句型展开的，所以学生学到的更多的是语言表面的、孤立的知识或单纯的词语指称意义，这与英语教学的培养目标是不相适应的。成功的英语教学应当把培养学生实际运用语言的能力放在首位，这种能力就是所谓的跨文化交际能力。但跨文化交际能力的培养没有社会文化能力或文化理解能力作为基础是不可能成功的。文化教学就是在给学生注入社会文化能力或文化理解能力。它既强调学习语言知识的广度，即语言与文化、语言与国情的横向关系，又强调学习语言的深度，即向学生传授语言本身所包含的丰富的民族文化信息。实践证明，在英语教学中向学生讲授语言中蕴藏的文化背景知识，不仅是重要的教学方法，而且是重要的教学原则。贯彻这一原则，可以有效地弥补传统英语教学内容的缺陷，从而进一步增强学生运用和掌握语言的能力。

（二）文化教学可作为英语教学的有效手段

英语教学的目的是向学生传授基础语言知识，首先是培养学生的语言能力，其次要对其进行文化移入，以使其更好地掌握语言，获得跨文化交际的能力，最后还要实现一般英语教学都必须完成的教育任务。文化教学与语言教学相结合，可以成为实现这一目的的有效手段。传统的英语教学常常把语言作为与母语不同的一种符号体系进行传授，学生除了获得一些单纯的语言知识和语言运用方面的技能外，文化适应能力普遍较低，教学目的也不明显。而文化教学强化语言的社会文化功能，着力于开发语言的民族文化信息。它不是把语言仅仅作为一种符号和工具去传授，而是把语言教学与获得文化知识、文化习俗、言语行为能力，以及掌握该语言民族所创造的文化财富等有机地结合在一起。这样，学生在语言学习的过程中也进行了对目的语文化的学习，从而使英语教学的目的得以实现。

（三）文化教学可作为英语教学的重要内容

传统的英语教学把教学内容分为听、说、读、写四个方面。当然，这是学习语言要掌握的四大技能，是学习任何一种语言都离不开的。这对着力于打好语言基本功的英语教学来说，是教学的中心任务。但是，仅有这些是否就够了呢？答案是否定的。这四大要素只不过是语言学习的几大部分而不是整体，文化知识也应作为英语学习过程中的重要内容。当然，英语教学是否需要把语言中包含的文化知识作为一门单独的学科进行教学还值得研究。但至少可以把语言中包含的文化知识作为教学中的一项重要内容向学生进行传授。我国几十年的英语教学实践已经证明，语言离不开文化，语言教学不讲授文化知识是不全面的。

（四）文化教学可作为英语教学最主要的方法

人们曾把英语教学的实质概括为"交际"或"文化适应"，那么毫无疑问，施行以"交际"为实质的英语教学，行之有效的方法应该是采用跨文化交际教学法。该教学法的核心特征是"信息转换"，即体现为"语言""使用"和"文化"三个过程。开展文化教学就是实现这三个过程最主要的方法。因为，英语教学中的文化教学区别于其他语言学科教学的一个显著标志，就是它同时兼有语言学、文化学和教育学的性质。从这点上讲，可以对文化教学做如下简要概括：

①英语教学不但要使学生掌握英语语言知识，还要使其懂得用英语进行交际所需的各种文化背景知识；

②英语教学不但要使学生学会英语的语言规范和行为准则，还要使其学会交际所需要的非言语规范和非言语准则；

③英语教学不但要进行语言教学，还要进行相应的文化移入，后者为前者服务，以保障学生在跨文化交际中能够正确理解和表达；

④英语教学不但受母语的干扰，还受母语文化的干扰，只注意前者而忽视后者，便会造成跨文化交际中的文化负迁移；

⑤在英语教学中，母语文化的干扰作用是可以通过文化比较的方法加以预防和克服的；

⑥从事英语教学的教师应当同时具有较高的母语与英语文化素养，教学过程中的文化意识及文化比较意识也是施行文化教学的必要条件；

⑦文化教学要结合所教授语言知识的内容进行，并用英语作为教授工具。

二、文化教学在高校英语教学中的作用

以上分析了文化教学在高校英语教学中应有的地位，教师如果能在教学中积极主动地进行文化教学，那么通过教学双方共同的努力，就可以对学习主体和教学结果产生双重效应。

（一）文化教学可以激发学生的学习兴趣

学习英语必须具有一定的学习动机，而动机又来自学习兴趣。对于这个问题，古今中外的教育家都有过不少精辟的论述。心理语言学的基础理论指出，兴趣是最好的老师，是学生学习活动的内驱力。西方文化的异域风情能唤起学生的好奇心，激发学生的学习热情。值得一提的是，文化教学不仅有利于培养学生内在的学习兴趣，激发学生的学习热情，而且有助于调动教师授课的兴趣和积极性。由于教学活动不再仅仅停留在词形变化、遣词造句、语法结构等纯语言知识范畴，而是与所教授语言的文化背景知识同步进行，这就使教

学内容和形式由原来的枯燥、单调转向生动和丰富，从而激发教师的积极性和创造性。

（二）文化教学可以优化学生的知识结构

文化教学通常是通过所学语言向学生传授文化知识的，学生可以通过语言获取所学目的语国家的人文、地理、历史、政治、经济、教育、文化、社会制度、生活方式、风土人情、社会传统、民族习俗、言语礼节、民族心理、伦理道德、行为规范、传统观念等一系列知识，从而优化学生的知识结构。因此，文化教学是对英语综合的、整体的、多层次的分析和观察，能起到优化学生知识结构的作用。

（三）文化教学可以优化学生的能力结构

文化教学给英语教学移入语构、认知和语用等交际文化知识，以及手势语、社交礼仪、交际环境、交际方法和交际态度等方面的非语言文化知识，能有效培养学生的跨文化交际能力。尤其是语用文化因素的移入，使学生在解决说什么的问题后进一步提升了语言的实际运用能力，避免社交语用失误，即因不了解谈话双方文化背景差异而造成语言形式选择的失误。此外，文化教学还可以解决话语行为的准确度问题，并对交际模式的选择、话语结构的优化、个人言语行为能力的提升等，也都有直接的影响。这方面的例子不胜枚举，如英语中最常用的please一词的使用场合问题。人们往往认为please的意思相当于汉语中的"请"。但英语中让别人先进门或先上车时，就不说please，一般说after you；在餐桌上请人吃饭、吃菜、喝酒时一般也不用please，而用help yourself。

（四）文化教学可以提高学生的社会文化能力

社会文化能力是知识背景的深层次结构，也是通过语言的外表进而对语言所反映的内容综合理解的能力，因此它属于背景知识的范畴。在英语教学实践中，教师经常听到学生说"我的听力不好""我的阅读能力差""我记不住单词"等。实际上，学生能否听懂一段话、读懂一篇文章和有效地记住所学的英语单词，并不完全取决于学生的听、读以及记忆的能力和技巧。在这些能力和技巧之外，有一个十分重要和关键的因素——社会文化能力或文化理解能力。显然，文化教学的性质恰恰是以培养文化理解力，即社会文化能力为出发点的。从另一个角度讲，英语教学的目的是培养学生的跨文化交际能力，而文化理解能力本身就是一种交际能力。

第三节　基于文化教学理论的高校英语教学模式

一、高校英语文化教学的常用模式

（一）分离式

在西方，对语言教学中文化因素的重视可以追溯到 19 世纪末。在由美国现代语言协会起草的一份报告中，第一次提到欧洲文化应作为欧洲语言教学的一部分。其后，在英国一个由首相指定的国家委员会根据他们的工作起草了一份名为《现代学习》的报告，该报告对文化因素尤为强调。第二次世界大战后，文化教学受到各国语言教学界的普遍重视，其涵盖的范围也更广泛，将人们的生活方式、行为规范、风俗习惯和社会关系等也容纳进来。但是，在语言教学的交际法兴起之前，语言文化教学基本上是分离式，即将文化看作是一种可以和语言剥离开来的"知识"，在语言教育的课程设置中加入这一"知识"课程，反映在语言教学的实践中，往往体现为两大倾向：一是"重语轻文"，二是重语法形式，轻功能内容。这也是我国传统英语教学的典型做法。

（二）附加式

语言教学交际法的引入与盛行使我国的英语教学经历了一场持久而深刻的变革，语言与文化的"研究热"也推动着语言文化教学进入一个新的阶段。越来越多的英语教育工作者意识到文化教学是英语教学不可分离的一部分。当前，英语教学中一个越来越被人们普遍接受的观点是成功的二语习得与第二文化习得是相辅相成的。语言教学交际法将文化视为行为，以培养学生的交际能力为目标。但在当前的语言文化教学实践中，部分教师还是存在一个认识上的误区，那就是，将文化看作是听、说、读、写"语言四会"能力之外的第五技能，也就是说，这种语言文化教学的模式仍然是将文化看作是附着于语言教学上的附加式。有必要指出的是，这种文化教学的附加式与交际法的几个经典文件对文化教学的认识有关。被交际法有关论文经常援引的《美国外语教学协会关于外语能力标准的暂行规定》明确地将文化修养规定为说、听、读、写之外的第五技能。国内学者在论及语言文化教学时也常采用"英语教学中的文化导入"或"英语教学中文化因素的处理"等论题。这充分说明，虽然文化在英语教学中的重要作用已被人们所普遍认同，但人们还是习惯性地将文化作为英语教学的一个附加部分来处理。

（三）融合观

长期以来，在语言文化教学中，人们都持语言、文化二分的观点。这种"二分法"可以在语言研究和语言教育的历史中找到其历史渊源：现代语言学之父索绪尔在奠定现代语言学基础时采取的就是语言、言语二分法；语言学大师诺姆·乔姆斯基也将语言分为语言能力和语言运用。

著名语言文化教育研究专家克莱尔·克拉姆契在其 1993 年出版的《语言教学的环境与文化》一书中，对英语教育中诸多的"二分法"进行了深入的分析和批评。以"语言文化"的二分法为例，他指出："尽管我们都认为语言与文化不可分割，但由于我们将这两者放到了一个对等的位置，使我们不知不觉地认为在教学中也有一个一分为二的语言部分和文化部分。""这种人为的'二分法'阻止了我们采取多层次及多维的眼光去观察一个问题的整体，相反，促使我们局限地停留在仅仅采取一种线性的、非左即右的方法，用黑白分明的眼光看问题，似乎强调了问题的某一方面，则一定会以牺牲另一方面为代价。例如，似乎强调了语言，就必然轻视文化；强调了交际，就必然要牺牲语法教学。"这种做法的危害在于让语言教师无所适从，或在两个极端之间徘徊，或采取四平八稳、中庸之道的折中法，表面上平衡两面，实质上模棱两可，似是而非。

克拉姆契认为，要走出这种"二分法"带来的困境，应该把语言和文化看作是"一个硬币的两面"，使语言、文化教学融为一体。这就是语言文化教学的"融合观"。事实上语言作为文化的载体，必然承载着文化的内容，语言和文化是很难剥离开来的。在教学实践中，语言、文化二分的做法在很大程度上是为了教学的便利，但是这种人为的"二分法"不应当造成两者在实质上的分离和矛盾。

在语言文化教学实践中，教师需要认识到以下至关重要的几点：第一，文化不应当仅仅被视为知识或行为，还应当被视为意义。语言文化教学是对意义的动态理解过程。第二，虽然在教学方式上可以将语言与文化二者"分而治之"，但不应将二者割裂开来，应时刻注意语言与文化之间内在的联系。第三，充分发挥交际教学法的优势，以交际为契合点，将语言形式与文化内容有机地结合起来。第四，在教学实践中，要重视教学的过程，努力做到语言教学的过程同时也是文化教学的过程。

二、高校英语教学中文化教学的目标定位

（一）提高跨文化交际意识

长期以来，第二语言和文化习得被认为是一个归化于目的语文化的过程。就二语习得来说，近似于本族人的语言地道性也许无可厚非，但就第二文化习得而言，归化于目的语文化的文化同化现象不应当被视为英语教学的成功之处。事实上，不仅习得者自己对这种

文化同化在情感上很难接受，而且目的语社会也不一定会接受同化了的英语习得者。克拉姆契打破了英语教学中传统的入乡随俗观点的框架，提出了新的看法。克拉姆契认为，英语教学中的文化教学应定位于增强意识，而非认同采纳。文化教学的目的并非要学生变得越来越外国化，而是要通过学习外国语言文化开展跨文化对话，让学生具备跨文化的交际意识和理解意识，做到母语文化与第二文化的互动。

（二）文化融合的目标："1+1>2"

高一虹曾对生产性双语现象进行了考察和分析，她认为这种英语学习模式既不同于削减性双语现象，也不同于附加性双语现象，它指的是这样一种情况：在目的语的学习过程中，目的语与母语的水平相得益彰，目的语文化与母语文化的鉴赏能力相互促进，学习者自身的潜能得以充分发挥。这种生产性的学习模式对于英语教学中的文化教学来说同样是一种最佳模式。从前文的分析可以看出，英语教学中文化教学的目标并不是要让学生归化于目的语文化（削减性学习），也不是两种文化在学生身上的简单累加（附加性学习），而是要让母语文化和目的语文化在学生身上形成互动，让学生具备文化创造力。因此，将英语教学中文化教学的目标定位为"1+1>2"是最佳选择。

（三）英语教学中文化教学体系的构建

英语教学不应只停留在听、说、读、写四项基本语言技能的培养上，而应以交际能力的培养为目标，这种观点已为当前英语教育界所普遍认同。戚雨村曾指出，英语教学的任务是培养在具有不同文化背景的人们之间进行交际的人才。部分学生的英语交际能力与他们在英语考试中的高分并不相称，这在很大程度上要归因于其对跨文化因素掌握不足。

1.构建英语教学中文化教学体系的必要性

根据胡文仲在外籍教师中所做的一项调查，约有93%的外籍教师认为，他们和中国学生之间存在文化差异，并认为应该把对这种差异的认识当作教学的一个目标；约53%的外教认为，"文化错误"（大多数以英语为母语的人觉得不合适或不能接受的语言行为）要比语法错误更难以接受。由此可见，跨文化因素直接关系着交际行为的成败。但到目前为止，国内学生对跨文化因素普遍掌握不够，其主要原因有两方面：

（1）国内英语教育界长期以来对与英语教学密切相关的文化教学不够重视

过去，受语法翻译法、听说法等主导教学思想的影响，国内英语教学重视语言形式忽视语言运用，对语言习得与文化习得的密切关系更没有充分的认识。即便是在目前的交际法教学实践中，"穿新鞋，走老路"的情况仍然存在，教师往往习惯于把重点放在语言形式的教学上。而对交际能力的培养和跨文化因素的教学则流于形式。

（2）与国内语言理论研究重点的导向和语言与文化研究的现状有关

过去一段时期，国内语言学研究以内部语言学为主流，语言的结构形式成为英语教学的重点。随后，外部语言学的研究（包括语言与文化和跨文化交际的研究）逐渐兴盛，于是英语教学中的文化问题也日益引起研究者的重视。虽然语言与文化的相关研究正在向更深层次发展，但总体来说，研究的系统性和深度还不够。尽管高校教师中有不少人去英语国家考察过，但他们占整个英语教师数量的比例尚小。许多英语教师仍然缺乏对英语国家文化的实际感受。

由此可见，在教学思想上加强对文化教学的重视，同时系统、深入地对语言与文化进行研究，并构建英语教学中的文化教学体系，已成为亟待解决的一个问题。

2.构建英语教学中文化教学体系的可行性

文化的意义很宽泛，研究对象的复杂性使得语言与文化的研究难以形成体系。但是否因为这样，英语教学中的文化体系构建就不可行了呢？事实并非如此。第一，文化虽然意义宽泛，但并非不可把握。文化研究者发现，每种文化都有反映其本质的文化核心。文化核心是由一套传统观念，尤其是价值系统构成的。语言与文化的研究，往往以此为根本出发点，最终又以此为落脚点。因此，这种可以把握的文化核心内容即可成为构建文化体系的基础。第二，英语教学中的文化因素主要涉及交际文化。交际文化指的是两个不同文化背景的人在进行交际时，直接影响信息准确传递（引起偏差或误解）的语言和非语言的文化因素。在语言与文化研究中和英语教学领域内对这部分交际文化进行系统总结，是切实可行的。

3.构建英语教学中文化教学体系的基本原则

构建英语教学中的文化体系，既要注意体系构建的科学性，又要着眼于这一体系在英语教学实践中的可操作性。

（1）对比中外文化的异同

在国内的语言文化研究中存在这样一种现象：简单罗列中外文化差异的种种细节，而不加以系统的科学考察。英语教学中的文化体系的构建应避免这种倾向，要系统归纳影响英语交际有效进行的跨文化因素，以利于教学实践。

（2）注意英语教学中文化教学体系与语言体系的密切联系

语言与文化水乳交融，不可割裂开来。文化体系的各方面要能渗透到语言教学的各环节中去，使二者得到有机结合。

（3）重点突出

跨文化交际是为了增进相互理解而进行的一种对话。重视文化差异，并非简单地排斥或盲目地模仿，而是要让学生具备跨文化的交际意识和理解意识。

（4）要构建一个开放式的体系

文化始终处于多元状态和变化发展之中，对文化做归纳性的描述，多少会有一家之言的倾向。鉴于此，教师应尽量少做规定式的构建，以免让学生产生文化定式的倾向。

  4.文化体系的基本内容

  英语教学中的文化教学体系应以英语国家的交际文化为突破口，以公开的文化和隐蔽的文化为主线，并注意对比本国的相关交际文化。作为一个完整的体系，它应涵盖以下三方面的基本内容：跨文化交际模式，目的语文化背景知识，目的语的民族心理、价值观念和思维方式等。

  国内的语言与文化、跨文化交际的研究涉及以上三个方面，并有大量研究成果，较有代表性的有：胡文仲、贾玉新等关于跨文化交际的系列论著，王宗炎主编的"外国语与外国语言文化丛书"，邓炎昌和顾嘉祖同名为《语言与文化》的两部论著，以及对外汉语界关于中英语言文化对比的系列论著等。充分参考国内已面世的这些相关研究成果，并按以上三个方面加以系统总结，这不失为当前英语教学中文化体系构建的一条可行之路。以上三个方面的内容可分别应用于文化教学的不同阶段。在英语教学的初级阶段，文化教学应以跨文化交际模式为主，主要包括典型的语言、非语言交际模式和主要的社会语用规则。在英语教学的中级阶段，文化教学应以学习目的语文化背景知识为主，主要包括语言（特别是词语）的文化内涵、语体文化和英语国家的人文地理、风俗习惯。在英语教学的高级阶段，文化教学应以了解目的语的民族心理、价值观念和思维方式为主，这一阶段的内容涉及深层和隐蔽的文化，如英语民族的时间观、空间观和价值观等，教学目标较前两个阶段也有所改变，主要着眼于培养学生的文化洞察力、文化理解力，乃至文化创造力，即能够实现两种文化之间的互动。

  当然，所谓阶段侧重，并不意味着三个方面内容的截然分开。其实，作为文化体系的组成部分，这三个方面的内容是相互交融的，而且英语教学的每一阶段都有可能涉及这三个方面的内容。构建英语教学中的文化教学体系尽管是一项较为复杂的系统工程，但它不仅可以促使语言和文化研究更具系统性，而且有利于英语教师对文化进行系统的教学进而提高学生运用英语进行跨文化交际的能力。

三、高校英语文化教学的方法与策略

（一）高校英语文化教学的方法

  高校英语教学中的文化教学通常采用三种教学法：显性文化教学法、隐性文化教学法和综合文化教学法。

  1.显性文化教学法

  显性文化教学法是指相对独立于英语教学的、较为直接系统的、以知识为中心的文化教学法。显性文化教学法的省时、高效是显而易见的。而且，这些相对独立于语言教学的自成体系的文化知识材料可以供学生随时自学。但显性文化教学法有两个致命缺陷：①使学生对异文化形成简单的理解和定型观念，影响跨文化交际的有效进行；②让学生始终扮演着被动的、接受的角色，导致他们缺乏文化探究的能力和学习策略。

2.隐性文化教学法

隐性文化教学法是指将英语教学与文化教学自然地融合在一起的教学方法。其优点在于课堂的各种交际活动给学生提供了一个认识和感知异文化的机会。其缺点在于学生在语言学习的过程中自然习得的外国文化缺乏系统性。

3.综合文化教学法

综合文化教学法是指将跨文化交际能力作为最终教学目标，综合了显性文化教学和隐性文化教学的各自优势，且兼顾了文化知识的传授与跨文化意识和行为能力的培养的教学方法。

（二）高校英语文化教学的策略

在高校英语教学中，有效地实施文化教学离不开系统的文化教学策略的支持。

1.文化参观

文化参观，顾名思义，就是采用参观的方式来学习某一英语专题。文化参观这一教学策略打破了传统的以教师为中心的教学模式，确立了学生的主体地位。文化参观通常可应用于以下情况：

第一种情况是，学生通过某个文化单元的学习，理解相关的英语文化知识，这时教师可以采用文化参观的策略来组织观摩活动，鼓励和引导学生积极参加这类活动。

第二种情况是，教师组织一些有针对性的文化参观活动，安排学生参加这些活动，并给学生布置相应的学习任务。这样，教师可以通过学生完成任务的情况来了解学生的学习情况以及分析问题、解决问题的能力。

文化参观并不是在一种严肃的氛围中学习的，相对于课堂学习，文化参观所创设的氛围具有娱乐性、自由性，这样有利于激发学生学习英语的兴趣，有利于学生积极主动地探索、分析、归纳、总结英语及文化知识。

另外，需要指出的是，文化参观虽然是一种具有趣味性的策略，但并不能将这一策略作为语言文化教学的主导策略。同时，在语言文化教学中，教师要根据具体情况辅助性地采用文化参观策略，从而实现文化参观策略的价值和意义。切不可为了过于追求娱乐和自由，滥用文化参观策略，这样会阻碍语言文化教学的发展。

2.文化讨论

文化讨论，顾名思义，就是采用讨论的方式来学习某一专题知识，从而解决某一专题中存在的问题。文化讨论通常将班级看作单位，教师在教学中主要起着引导的作用。文化讨论通常适用于以下几种情况：

第一，教师要想激发学生学习的兴趣，增强学生学习的信心，就可以采用文化讨论策略。

第二，教师要想鼓励和引导学生针对某一问题提出自己的观点和看法就可以采用文化讨论策略。

第三，教师要想培养学生的交际意识，提高学生的交际能力，就可以采用文化讨论策略。

第四，教师要想引导学生针对某一文化现象提出不同的分析方法和视角，就可以采用文化讨论策略。

第五，教师要想培养学生的合作精神，提高学生的合作能力，就可以采用文化讨论策略。

另外，教师在文化讨论中起着引导的作用。教师要注重讨论主题的确立，其主题通常都是一些开放性的、有争议性的问题，只有这样，学生才能通过思考、讨论的方式来表达自己的观点，从而使问题解决的方法更加多元化和多视角化。

总之，文化讨论是语言教学中常用的一种策略，它有利于提高学生的交际能力，有利于学生表达自己的观点，有利于学生的合作学习和互动学习，有利于学生听取其他同学的观点，从而弥补自己的不足，更有利于形成平等、和谐的师生关系。除此之外，还需要指出的是，文化讨论需要教师与学生的共同参与，同时教师和学生都要为讨论的议题做好充分准备，只有这样才能提高文化讨论的质量和效率。

3.文化合作

文化合作，顾名思义，就是以合作的方式来进行某一文化知识的学习，是一种常见的语言文化教学策略。文化合作教学策略在具体使用过程中需要注意以下几个方面：

第一，结合教学的实际情况，明确教学的目标，科学合理地运用文化合作策略。

第二，教师在小组合作之前，要使学生明确合作学习的任务、目标、步骤以及需要达到的效果。同时，教师还要为学生提供正确的示范。

第三，教师要根据学生的具体表现，采取不同的评价策略。

总之，文化合作这一教学策略有利于培养和增强学生的合作能力，有利于学生发挥自己的专长，有利于学生之间的互动和交流，有利于培养学生的集体意识，有利于增强学生的责任感。

4.文化讲座

文化讲座，顾名思义，就是采用讲座的方式来学习某一文化知识。文化讲座有自身独有的适用范围，下面对其进行具体分析：

第一，教师要想更加全面地讲解一些叙述性文化知识，就可以采用文化讲座的方式。

第二，教师要想更加全面地讲解和归纳一些文化事实，就可以采用文化讲座的方式。

第三，教师要想使学生对一些具体的文化资料有一个更加全面的了解，也可以采用文化讲座的方式。

在文化教学中，教师采用文化讲座的方式，有利于提高学生的学习效率，有利于教师把握课题顺序，有利于对教学资源进行充分利用。

5.文化冲突

文化冲突，顾名思义，就是利用文化冲突的方式来展开文化教学。学生与外籍教师之间、学生与学生之间都有可能产生文化冲突。因此，文化冲突策略的实施需要注意很多方面的问题，具体分析如下：

第一，注重教材的选择，保证教材中涉及跨文化交际的相关内容。

第二，注重学习任务的安排，开展多元化的教学活动。

第三，善于制造文化冲突，为学生创设文化冲突情境，从而使学生在这一情境中体验文化冲突、化解文化冲突。文化冲突与跨文化交际有着直接的关系，这一教学策略有利于培养学生的跨文化交际能力，有利于学生了解和化解交际中的文化冲突。另外，文化冲突这一教学策略也对教师提出了更高的要求，即教师必须具有很强的应变能力、组织能力等。

第六章 基于跨文化交际理论的高校英语教学

第一节 跨文化交际理论的内涵

跨文化交际是从英语词组intercultural communication翻译过来的,指的是具有不同文化背景的个人及群体之间的交际,也就是具有不同文化背景的人之间发生的相互作用。以前,这主要是文化人类学、民族学所关心、研究的问题,近年来引起了更广泛的关注。在中国,语言教师对其表现出的浓厚兴趣,反映了时代的变化和要求,也引发了人们从跨文化教育的角度深入思考外语教学。

一、跨文化交际的概念界定

跨文化交际,是指具有不同文化背景的人,相聚在一起,通过交际和沟通,分享各自的思想、感情和信息。跨文化交际学最先在美国兴起,并形成了比较完整的学科体系,目前美国的跨文化交际学在世界上具有领先水平。美国本身是一个移民国家,来自世界不同区域的具有不同文化背景的人们相聚后,文化冲突时有发生。同时,来自世界各地的移民都竭尽全力地维护自己的文化和传统,不愿意改变,从而形成了美国当代多元文化的格局或文化大熔炉的局面。在这种情况下,对跨文化交际的策略和手段的研究,引起了美国学者和各界人士的广泛关注。

（一）跨文化交际与沟通能力

近年来,跨文化交际学已发展成为一门被国际学者充分重视的集人类学、语言学、心理学、传播学和社会学等于一体的综合性学科。学者除了探索跨文化交际与语言的关系外,还大力探讨跨文化交际与沟通能力二者之间的关系，试图将跨文化交际能力的培养与个人沟通能力结合起来，提升学生的语言文化意识或文化敏感性，进而将个人沟通能力发展成为一种真正意义上的跨文化交际能力。在国际社会大变革时期，不同文化背景的人们都渴望进行思想文化的交际、交融和交锋，这样才能让不同文化族群的人们在日常交往中逐步趋向理解和认同。

跨文化交际中的沟通能力，是指在交际过程中交际者通过表达、争辩、倾听和设计（形象设计、动作设计、环境设计），实现自我意识和思想的转换和传达，从而被其他文化背景的人接受的能力。跨文化交际的沟通能力看起来是外在的东西，实际上是交际双方个人素质的重要体现，它反映着一个人的知识、能力和人格魅力。跨文化交际的沟通能力，特别强调沟通双方所具备的主观和客观条件。在跨文化交际中，一个具有良好沟通能力的人，可以将自己所拥有的专业知识及专业能力充分发挥，这也是决定交际是否成功的必要条件。

沟通能力主要由两个要素构成：一是思维是否清晰，能否有效地收集信息，并做出逻辑的分析和判断；二是能否贴切地表达出自己的思维过程和结果。如果没有清晰的思维和准确的逻辑判断力，再好的语言技巧，也不可能实现交际环节的传达、说服和感染。跨文化交际中的沟通特别注重思维与表达，这主要是指思维的交际和语言的交际。如果只重视语言的交际，任何人都不能摸透对方心里的真实想法，也不能了解对方的思维方式和思维习惯，这样就无法将跨文化交际从语言层面提升到思维层面，完成交际的全过程。真正意义上的跨文化沟通者更容易建立并维持广泛的人际关系，更可能在人际交往中获得成功。可见，跨文化沟通者一定要及时了解对方的心理活动和思维倾向，并根据解码信息来调整自己的沟通方式和环节。

跨文化沟通者在向对方展示自己的心理意图时，要辅之以直观的言语、动作，使沟通信息充分而不冗余，这是最佳的信息沟通和行之有效的交际方式。比如，聆听式沟通让人从一个专心听讲的人的角度，捕捉说话人的信息并进行信息加工，通过聆听产生沟通欲望和完成沟通过程。跨文化交际只有让其他文化背景的人接受你的想法，才能让对方向你打开心扉，在对方心扉打开前，真正的沟通是不可能发生的。心理学家研究发现，一个人跟别人完成交际以后，所留给人的印象和感觉，只有20%与谈话的内容有关，其余80%则取决于别人对这个人的总体感觉和外在印象。若一个人强词夺理，即使有理，到最后也只会给别人留下一个咄咄逼人的印象。与其得理不饶人，不如采取得饶人处且饶人的方式妥善处理，接纳对方，换位思考，获得交际的成功。

（二）跨文化交际与人际关系

跨文化交际需要处理好人情、人伦和人缘这三方面的关系，换句话说，处理好这些关系意味着跨文化交际的成功。人情是媒介，促使跨文化交际的感情认同和接受，如中国人常说"买个人情""送个人情"或"讨个人情""求个人情"，这说明人与人之间的交往是建立在情感创设基础之上的。人情到了，隔阂没有了，感情也变得融洽了。《说文解字》

中说"伦，辈也"，后又引申为"类""道圣""文理"和"人与人的关系"。这说明人伦在跨文化交际中要求交际主体具有规范的人伦道德和人格魅力，充分展示合理化的人际秩序。在《现代汉语词典》中，人缘或缘分指的是人与人之间本身具有的天然联系，或者是人与人或与事物之间的关联性。

跨文化交际中的人际关系，是指具有不同文化背景的人们互相认知和认同。这表明具有不同文化背景的人们，在互相交往的过程中，完全能够通过思想、感情和行为表现的互相交际，产生源于本能的互动关系，建立多元文化和谐、稳定的格局。尤其是人和环境相互连接与驱动，环境带动人际关系向良好的方向发展，人在环境中认定自己的身份和角色，为跨文化交际搭建友好的人际关系。处理跨文化交际中的人际关系的最好方法就是交际双方彼此之间尽量传递真实的情感、态度、信念和想法，让自身的思想被他人认识及接纳，以诚恳的态度、谦卑温柔的心、适度的自我表达去打动和感染对方，以此寻求人生观、价值观的趋同和认同，消除具有不同文化背景的人的交际障碍。

跨文化交际中的人际关系表现的是跨文化交际中人与人之间合理的分际与职分。孔子曰："君君，臣臣，父父，子子。"这里强调君臣父子各司其职，各行其道，各守分际，各尽职分。这种人际关系模式让每个组成分子均能按其角色、职责、位置而有适当的思想、言语、行为模式及价值观，从而形成良好的、和谐的交往气氛。跨文化交际中的人际关系，还特别注重具有不同文化背景的人们彼此间的情感融洽和交往。相互间感情的传递使彼此接近和相互吸引，形成共鸣，即使是观点互相排斥，也会获得感情的认可。彼此间的相互重视与心理支持是跨文化人际关系的基础，是跨文化交际中人际交往的心理相容，即具有不同文化背景的人之间的融洽相容关系，尤其是指人与人相处时的容纳、包涵、宽容及忍让，即使有时候存在观点的分歧，也会不遗余力地寻找共同的意趣，相互间营造谦虚和宽容的良好氛围，做到心胸开阔、宽以待人、不计前嫌、宽宏大量。信用也是跨文化交际中人际交往的基本准则，指的是待人诚实、不欺骗、遵守诺言、以诚相待和不卑不亢，在自信中表现谦逊，不矫揉造作、故弄玄虚。自信心可以让人快速获得别人的信赖，同时也容易使别人乐于与之交往。

二、跨文化交际的表现形态

跨文化交际可表现为跨文化的语言行为交际和非语言行为交际两种。萨丕尔认为，非语言行为交际是"一种不见诸文字，没有人知道，但大家都理解的精心设计的代码"。这表明，非语言行为交际无须用语言表达，通过交际双方的感知进行，类似于心有灵犀一点通。非语言行为交际不再注重语言的内部结构本身的交际价值所在，而更多地转向了语言所生存的社会背景和语言之外的外部系统。跨文化交际的语言行为交际和非语言行为交际两大交际系统，也是相辅相成的关系，二者相互弥补、相互贯通、互相映衬、相得益彰，组成了比较完整和丰富的跨文化交际系统。在跨文化交际过程中，交际者双方有时通过语言行为，有时通过非语言行为，互相沟通和敞开心扉，更多的时候是交替使用两种跨文化行为交际传递各种有效信息，进而表达丰富而细腻的思想感情。以往的跨文化行为交际偏重语言本身结构的跨文化交际功能，不重视非语言行为的交际功能的应用。

（一）语言行为交际

语言是一门艺术，语言行为交际是利用语言完成的交际，也就是利用所说的话或写出的文字来达到交际的效果。语言行为交际的实质是交际主体根据对自己角色和语境的定位与选择，去组织有效的话语，以实现交际的全过程。如果语言表达得单调呆板，就很难吸引听者的注意力或激发听者的兴趣。要成为真正的跨文化交际高手，首先要成为善于运用语言技巧的艺术家。因为语言交际本身是一个说与听的互动过程，交际是否成功取决于是否理解对方的语义。

语言行为交际是一个依赖交际主体语言行为的双向互动过程，包括说话者的话语选择和听者对话语的理解。语言行为交际的话语选择和理解是一个动态的过程。说话者通过语言行为来表达人的内心想法，交际时要注意用词的简短性。此外，在语言行为交际的过程中，说话者还应当根据不同交际对象的具体特征进行交际，如学生们在大学里都说普通话，因为周围的同学来自四面八方，如果都用方言交谈就难免会出现误解语义甚至无法沟通的情况。

语言行为交际还要注意文化习俗的附加功能。文化习俗是指在一个社会群体中世代传承、相沿成习的生活习俗。文化习俗对语言行为交际的影响很大，如有人打了个喷嚏，打喷嚏的如果是孩子，中国人会说"长命百岁"，是大人则通常开玩笑地说"有人想你了""有人说起你了"或"有人骂你了"，英国人和美国人则会说"上帝保佑你"。又如，美国人常用的"喝可口可乐"这种祈使语气的广告，在日本人那里就会引起反感，认为是对消费者的不尊重。可见，文化习俗对语言行为交际起着极大的制约作用。

（二）非语言行为交际

随着人们对语言和人类社会关系实质性探讨的深入，跨文化非语言行为交际迅速发展，出现了跨文化副语言学、跨文化身势学、跨文化近体学等新兴学科。这表明跨文化的非语言行为交际可以作为情感交际的有效载体，展示跨文化沟通的不同意义及感情色彩。

非语言行为交际注重个人感情的表露和展示，不同的表情和动作在不同的文化背景中可以表达多种意思。例如，在汉语和英语文化中，点头表示赞同，而在印度、希腊等地，意思则恰好相反，表示不赞同。跨文化的非语言行为交际具有民族性和地域性特征。

非语言行为交际不仅注重语言结构如语音、语法和词汇的运用效果，更注重社会文化、生活习俗知识等在交际中的运用。跨文化交际中的非语言行为交际和语言行为交际之间存在着极为显著的差异,非语言行为交际主要表现在社会心理学中,指人使用语言、文字以外的媒介传达信息,来表现人的思想,如脸部表情、肢体语言或音调等。交际者在潜意识中把一个人的语言或文字,通过外显特征表现出来,让对方会意或理解,也通过对方的情绪、态度、个人特质,理解对方内心真正的意图。非语言行为交际通常是在无意识的状态中加以接受,在不知不觉中传达信息,一个眼神、一个表情和一个动作都有可能获得交际的成功。可见,"眼神"和"肢体动作"是人们常用的非语言沟通方式。在跨文化交际传递信息时,双方眼神的接触,凝视或不凝视,可以传递和透露出这个人的内在思想情绪。肢体动作有时也会传递出人的各种情绪、性格特质和态度。内向的人和外向的人在肢体动作上的差异尤其明显,外向的人动作较大,声音洪亮。

第二节 高校英语教学跨文化交际能力培养体系的建构

一、跨文化交际能力培养的认知体系

高校英语跨文化教学中的认知体系,包括对目的语民族也就是英语民族的文化知识、价值观念等方面的认识。在大多数学者专家的观点中,跨文化交际能力指的是语言使用者能够在目的语的文化情境中得体恰当地使用目的语进行交流沟通,并且能够用目的语的思维习惯、情感感知方式去理解、表达自己看待事物与世界的观点与看法,从而形成新的体验世界的能力。

(一)树立正确的教学理念

教学观念的更新、教学认识的提升,对于当前的高校英语跨文化教学及其所面临的改革来说具有十分重要的意义。高校教育行政部门的思想意识直接影响高校英语跨文化教学的改革与发展。因此,我国高校教育行政管理部门应该以战略性的眼光与视野来看待跨文化教学所具有的时代意义,明确高校英语跨文化教学的内涵与目标,以便更好地制订出同我国当前的国情及教学实况相符合的高校英语跨文化教学的目标、原则和方法,为当前的英语教学提供更为明确的目标与方向。

在高校英语跨文化教学过程中,教师必须明确自身教学理念更新的重要性。在进行跨

文化教学过程中，教师要始终坚持"语言教学与文化教学相结合"的教学方式，分别从语言意识、语言学习、文化意识以及文化经历四个紧密相连的层面着手，将母语文化在大学英语学习过程中的正迁移作用充分发挥出来。教师不能将自己定位为一个传授知识的教书匠，而应该注重对自身各方面能力的培养，努力使自己成为一名学者型教师。

此外，在高校英语跨文化教学过程中，除了教师教学理念的更新与教师自身文化素养的培养与提升之外，跨文化教学中的文化理论框架的建构也是一个必须明确并且需要进一步深入分析、研究的重要课题。

高校英语跨文化教学过程中的体验教学成为这一领域学者专家关注的重点内容。提出体验式教学理论架构的是美国学者大卫·库伯。20世纪80年代，库伯在总结前人经验的基础上，提出了自己的体验学习模式。1984年，库伯出版了自己的专著《体验学习：让体验作为学习与发展的源泉》。在这本书中，库伯对于体验式学习进行了系统的阐释，他将体验式学习过程看作是由四个适应性学习阶段构成的环形结构，包括具体经验、反思性观察、抽象概念化、主动实践，从而确立了极为著名的库伯体验学习理论。他认为，学习是体验的转换并创造知识的过程。也就是说在学习的过程中，学习者将自己所体验到的内容进行消化吸收，并且将其内化为自身的知识储备的一个组成部分，能够灵活自如地将其运用到实践中去加以检验。体验式教学理论的提出对教学理论所产生的影响是极为深远的，尤其是在教学理念方面。体验式教学理论的产生使教学从被动接受式逐渐转向主动体验式。

体验式教学模式对教师在教学过程中提出的要求是：根据教材的内容，为学生创设尽量逼真的文化学习情境，使学生在这种较为逼真的教学情境中去体验、去感受目的语言的文化内涵，从而达到学习跨文化内容的目的。在这一过程中，学生在获取与教材内容相关知识的同时，能有效地开阔自己的理论视野，对理论知识的应用能力也能得到进一步提升。这种体验式教学模式能使学生身临其境地去感受、体验课文内容中的情境，从而培养他们创新实践的能力。

高校英语跨文化教学中的体验式教学是以建构主义理论为发展基础的。在建构主义者的理论观点中，学习的过程就是一个建构的过程，建构主义理论者比较强调学生学习的主动性与积极性，倡导突出学生的主体作用。在建构主义者看来，学生应作为学习的主体，教师则应该是处于一种协助者、促进者的位置，而不是像过去的英语教学模式中教师始终处于一个知识灌输者与提供者的位置。从教学方法来看，建构主义有着多种多样的教学模式，但是情境创设和协作学习却从始至终贯穿于各个教学环节。在建构主义教学理论架构中，学生不再只是一个被动的信息接收者的角色，而是通过情境创设与协作，来积极主动地建构起自己对于所学知识的意义框架。同过去那种教师作为课堂教学主导的教学模式相比较，体验式教学模式更为突出强调的是学生在教学过程中的主体位置，将学生的自主学习看作是最为重要的，认为这更贴近学生对所学知识进行内化的学习认知规律。对于课文内容进行真实语境的创设与模拟，将学生带入所学内容的情境中，能够最大限度地激发出学生的学习热情与参与学习的积极性。学生能够在这种虚拟的语境中体验、感受、发现语言应用技巧及使用规则，并且能够将其运用到情境的实践检验之中。

高校英语跨文化教学的体验教学可以说很好地体现了英语教学的新进展，既符合以往的交际教学法的原则，同时又体现了任务教学法的特点。此外，体验式教学方法突破了时空的局限性，特别是当下飞速发展的信息科技如多媒体、互联网等的广泛运用，为高校英语进行体验式教学提供了更为丰富的体验渠道。充分将这些信息科技运用到高校英语的跨文化教学过程中，不仅可以增加英语学习的趣味性，同时在运用的过程中，学生的思维与感官都会受到不同程度的刺激，学习的积极性、主动性、趣味性都会被最大限度地调动起来。

在高校英语跨文化教学过程中，我国各高校要确保其理论体系的完整性，以一种全新的教学理念、清晰的教学思路来促进课堂内外的跨文化体验教学，从各个层面多角度、多方位地采取措施，以加深教师对高校英语跨文化教学的认识，从而使其能够更好地投入到跨文化教学的工作中。

（二）明确合理的教学目标

现在的高校英语教学以 2007 年教育部修改制定的《大学英语课程教学要求》为标准。《大学英语课程教学要求》明确地规定了高校英语教学的目标，那就是培养学生的综合素质与应用能力。这一目标改变了过去那种重知识传授轻知识运用、重知识点记忆轻能力培养的状态。在这一目标的规定下交际意识和文化能力都得到了一定的强调与重视。

高校英语跨文化教学的目的是培养英语学习者在进行跨文化交际时能够用得体的、合适的英语民族的语言进行交流的能力。因此，这就需要学生对目的语词汇中极为丰富的文化内涵有所了解与认识，更好地掌握目的语的使用规则。经验表明，相较于结构规则而言，语言的使用规则要显得更为重要。在跨文化交际中，仅依靠正确流畅地运用语音、语法、语调是不够的，这根本就无法保证跨文化交际的顺利进行。高校英语的跨文化教学不仅仅是帮助学生认识、了解英语民族的人们观察世界的方式和思考问题的方式，还能够协助学生运用英语民族的视觉与思维方式来表达其所看到的事物等，以便他们真正学会用得体的语言与方式同英语民族的人们顺利地进行跨文化交际。

此外，除了一定的应用能力的培养之外，对于异域文化的敏感度以及容忍度，在很大程度上也决定着跨文化交际的成败。学生不仅要对异域民族的生活习惯、思维方式、认识模式以及合作态度等有所认识与了解，更需要对自己的交际对象所拥有的文化背景与风俗习惯等有着一定的敏感度与包容性。在跨文化交际过程中，交际者最容易犯的一个错误便是以自己母语文化的视觉去审视目的语的民族文化与思维习惯，而不去深入探究隐藏在文化表象背后的深层内容。因此，这就需要教师尽可能多地为学生创设一些真实的文化体验情境，通过直接的感受引导学生对隐藏在文化背后的深层含义进行更为深切的解读与理解，引领学生用目的语的文化思维去进行思考判断，以更好地提升学生的文化敏感性、包容性以及对不同民族之间存在的文化差异进行处理的灵活性，从而确保跨文化交际的顺利进行。

学生在对目的语文化进行吸收、借鉴的同时，也要将自己本民族的优秀文化传统传播出去，从而成为贯通中西方文化的学者型人才，这既是当前外语教学面临的大势所趋，同时也是高校英语进行跨文化教学的最终目的所在。

（三）正确处理高校英语跨文化教学应面对的两种关系

1.本土文化同英语文化的关系

对于中国的英语学习者来说，一方面，他们希望通过学习英语更为广泛地认识世界，了解世界；另一方面，他们也希望通过英语将中国介绍给世界各国更多的人，使其能够更好地认识中国。因此，英语的学习与交流是一个双向互动的过程。

现在的高校英语教学强调了英语民族的文化与价值观，却忽略了对于本民族文化传统的传播与发扬，以至于在跨文化交际过程中出现了交际者对于中国特有的文化传统表达困难的问题。由此可见，在高校英语跨文化教学过程中，如何更好地解决本土母语文化与英语民族文化之间的关系，是跨文化教学极为重要的一个课题。

要想解决这个问题，首先需要教师和学生对本土母语文化的学习给予足够的重视。语言不仅仅是一个民族的特征，还蕴含着这一民族的历史文化背景、人生观、价值观以及思维方式等深刻内涵。对中国人来说，汉语是从出生时候就伴随着的母语，在汉语环境中长大的中国人从小就形成了东方民族汉语式的认知方式，因此在跨文化交际过程中，宣传具有中华民族特色的优秀传统文化是每一个中国人的责任。

其次，必须承认"中国式英语"存在的客观现实，并且要有意识地将"中国式英语"提升到国际交流的水准。就目前来看，英语作为"世界普通话"被世界各族人民广泛应用，在被应用的过程中必然会受到各民族文化的影响，从而形成一些不同类型的英语变体，其中就包括"中国式英语"。不过需要注意的是，在使用"中国式英语"的时候，有几点必须注意的问题：第一，"中国式英语"的使用一定要具有相当的可接受性，中国人在用英语表达具有中国特色的事物时，尽量要用英语民族的思维方式与语言习惯来进行表述，使其能够被英语民族的人接受；第二，用英语来对具有中国特色的节日文化进行适当的表达，例如清明节、中秋节、端午节等；第三，当在跨文化交际过程中发生源于民族文化的矛盾冲突时，要尽量用英语民族的思维方式来进行解释，使其成为英语民族能够接受的表达方式，以便其理解，从而实现跨文化交际顺利进行的目标。

最后，在编写英语教材时，也要适当地加入一些中国传统文化作为英语学习的素材，而不是全部照搬西方传统与西方价值观念的文章做学习素材。在高校英语的跨文化教学课堂上，教师可以有意识地将英语民族的文化同母语文化进行对比分析，对两种文化不同的文化背景、语言形式进行深入的探讨，以加深学生对于两种文化之间存在异同性的对比认识，从而加深学生对于语言文化不同的理解与认识。同时，教师还要善于利用母语文化的正迁移作用来帮助学生更好地掌握英语。

总而言之，在全球一体化的发展大势下，高校英语跨文化教学要十分注意对于母语文化与英语民族文化关系的平衡处理，在教学过程中导入英语民族文化传统的同时，也不能忽视对母语文化的学习与宣传。跨文化交际是一种双向的交流过程，大学生完全可以通过英语的学习，来培养自己的跨文化交际能力、国际理解能力，从而寻求自己在全球化、多元化发展态势中的发展方向。

2.英语功用性与人文性的关系

语言是人类用来进行交际的工具，同时还是一个民族文化的承载者，在语言的身上集中体现了某一个语言群体的文明成果。因此，作为语言之一的英语，同样具有人文性与功用性的双重价值。从功用性的层面上来看，英语作为人类用来认识世界、与世界进行沟通的工具，其具有实用功用性价值的一面。从人文性的层面上来看，英语作为人类文明成果的传承者，对于人类社会的文化传承、人文教学与人格塑造等都具有重要作用。在高校英语跨文化教学过程中，学生通过人文学习语言，再通过语言学习人文，在潜移默化中受到感染熏陶，从而逐渐形成一定的心理积淀，在此过程中形成了质文相宜的人文素养。

英语所具有的实用性，是高校英语教学的一个重要组成部分，占据着极为重要的位置。以至于很多高校的英语语言文学教学专业也在突出强调语言课程的实用性，而要求淡化语言文学性。北京外国语大学的张中载教授曾经指出，在外语本身和市场经济功利原则的支配下，外语教学极为容易走向重"制器"，轻"育人"。因此，培养学生的人文素养，已经成为当前我国教学的首要任务。

高校英语教学过程中所设置的各种考试与量化标准，也许可以用来对学生学习的知识技能进行检验考核，但是很难真正对学生的人文素养进行判断。在这里不得不强调的一点是，我们必须对英语教学具有的功用性的一面给予足够的重视，但同时，也必须对英语教学具有的人文性给予相当的关注。英语所具有的功用性同社会的经济紧密相连，但是人类社会同时还包括政治、文化等多个方面的内容，是一个复杂的整体。此外，英语本身就是一种具有本民族历史传统的、与现实文化场景密切相关的文化内容。

21世纪是一个全球一体化、多元化发展的时代，在这个伟大的时代中，高校英语教学不仅要注重对英语语言技巧与知识的教学，同时还要注重对英语语言所蕴含的深邃的文化内涵的学习，从而在此过程中培养学生的跨文化交际能力，对异域文化的敏感性、包容性以及跨文化交际所需具备的价值观念与国际理解能力。学生学习英语的主要目的之一就是希望通过这种国际通用语言开阔视野，了解其他国家的社会历史、政治文化，了解中国同世界先进发达国家之间存在的方方面面的差异，从而推动生命个体在世界多元化发展过程中的生存与发展。因此，高校英语教学应积极提倡对学生英语语言文化素养的培养，通过开设英语的文学、文化课程，进行人文素养的渗透，从而使英语学习的功用性与人文性相统一。

二、跨文化交际能力培养的情感体系

所谓的跨文化交际能力的情感体系，具体包括对于不确定性因素存在的包容程度、灵活性、共情能力、悬置判断能力等方面。为了确保跨文化交际的顺利进行，在高校英语的跨文化教学中，培养学生学习英语文化的浓厚兴趣是极为重要的。

在当下的全球化发展背景中，高校英语跨文化教学不能只注重英语民族文化知识内容的导入，对本民族的母语文化也应该给予足够的重视，要在教学过程中进行双向的交叉教学。教师在教学过程中，不仅要求学生认识和理解英语民族文化知识和本民族的母语文化知识，还要求学生深入掌握用英语表达本民族文化传统的方式，对已经掌握的知识进行内化，将知识变成他们拥有的宝贵文化财富。通过对于中外文化的兼容并蓄，学生对于文化的理解和认识能力必然会有一定的提升，对于各种文化能够进行理性的分析与判断，从而以一种博大的胸怀以及更为高远的智慧来应对跨文化交际过程中可能发生的矛盾冲突。

（一）英汉文化并重，消除"中国文化失语症"的影响

在全球化的发展过程中，我们不仅要引入世界的先进技术与优秀文化，同时还要将中国的传统文化与科学技术传播到世界各国。但是，现实情况却是，很多能够说着一口流利英语的大学毕业生对英语民族的一些文化传统与习俗知之甚少，而且对于本民族母语文化的传统与习俗也不能够全面理解，更不用说用英语来对本民族的母语文化进行准确表达了。"中国文化失语症"现象已经成为当前跨文化交际中频繁出现的一个问题。若想中国真正地走入世界人民的视野，运用英语准确地表达具有中国传统特色的事物，是非常必要的。

克拉姆契极为反对外语学习过程中出现的文化同化现象。在反对过程中，她提出了自己较为独到观点，那就是在外语教学的过程中，对于目的语的民族文化不只是采取一种认同接纳的态度，还应该以增强意识为主。她认为外语文化教学的目的并不是实现异化，而是为了通过对于目的语文化的学习，更好地培养学生在跨文化交际中所具有的跨文化意识与跨文化交际能力。而外语文化教学的最终目的就是能够更好地进行本民族文化与目的语民族文化之间的交流与融合。

因此，高校英语跨文化教学的目的是使母语文化和英语民族文化在学生的身上形成一种很好的互动，从而使学生具有一定的文化创造能力。在一种母语文化与目的语文化并重的学习氛围之中，本民族的母语文化才能够同英语民族的文化在学生身上更好地形成一种互动作用，从而激发出学生的文化创造力，加深和拓宽学生对于本民族母语文化的认识与理解，帮助学生在立足本民族语言文化的基础上更好地、更为深入地进行跨文化交际与学习，提升他们的跨文化交际能力，更好地培养其跨文化意识。

这样就需要无论是主管教学的各级部门，还是学校教师自身，都应该有意识地引导学生在英语的跨文化交流与学习的过程中，注意对于本民族的母语文化的学习与理解表达，

注意保持自己的民族文化道德底线，从而消除"中国文化失语症"现象对于跨文化交际的影响。

1.充分发挥教学主管部门的监督引导作用

用英语表达中国文化传统特色的规定，应该在各类教学部门的文件与教学大纲中有明确的体现，从而确保教育部门在高校英语跨文化教学中具有监督与引导作用。而且这一点要在不同的英语教学层面与测试考核中有所体现，从而确保在英语教学的过程中真正实现中国母语文化的传授与影响。在此过程中，各级教育部门以及学校都应给予足够的重视，相互协作，使其在教学实践中真正得以切实有效的实行。

2.提高教师自身的文化素养与教学水平

作为一名高校英语教师，特别是面对着跨文化交际的发展态势，不仅需要具备相当的跨文化交际的背景知识，同时还应该具备平等的文化意识，在对学生进行中国传统文化事物的英语表达教学过程中，提升自己的跨文化教学素养。

此外，高校英语教师自身不仅要具备一定的文化素养与宏观意识，同时还需要具备较高的教学水平。比如在教学过程中，教师可以通过有意识地对两种文化进行比较，来平衡英语文化与母语文化知识内容的授课比例。教师还可以结合课文内容与实践需求，让学生进行分组合作学习，进一步加强学生对于中西方文化的认识与理解，提升学生用英语表达中国优秀传统文化的能力，并且使学生较为充分地掌握其相关的结构与表达方式，以便在跨文化交际过程中灵活自如地运用英语描述中国事物。

3.提升学生跨文化交际的主动性

进行跨文化交际的情境模拟，对于培养学生的跨文化交际主动性具有一定的促进作用，能让学生在真实感受跨文化交际的过程中领悟跨文化交际的深刻含义。此外，无论是学校还是教师，都应该积极地鼓励学生抓住一切跨文化交际的机会，积极地参加一些国际性的文化交流活动。同时，教师要让学生认识到中国文化在跨文化交际过程中所具有的重要意义。学生在跨文化交际中要树立起对于本民族文化的英语表达的自信心，最终实现跨文化交际的目的，将中国的优秀文化传播给世界，让更多的人认识、了解中国。

（二）消除母语的负迁移，发挥正迁移作用

从本质上来说，学习一个民族的语言就是学习这一民族的文化。高校英语的学习就是在对中西方文化的学习过程中，以中国学生早已有的母语文化知识为基础，导入英语民族的文化知识内容，从而使其具有双语表达的能力。并且在此过程中，学生会对两个民族在思维方式等方面的差异性产生较为深刻的认识。学生的本民族语言文化是早已深入到学生的头脑之中的，在此基础上，文化的迁移作用，必然会发生在英语的学习过程中。在高校英语跨文化教学中营造一种合适的语言文化氛围，在突出语言知识技能的同时，也能够更

好地强调其客观的文化背景、交际环境以及思维方式等方面的差异性学习，从而使学生在真正进入跨文化交际时能够得体地使用英语，避免文化冲突与交际的尴尬。

所谓迁移作用，就是在学生进行学习的过程中，学生本身已经拥有的知识必然会对其学习新的知识内容产生一定的影响，这就是所谓的知识的迁移作用。那些能够促进新知识内容学习的迁移，被称为正迁移；那些对于新知识的学习产生阻碍的迁移作用，被称为负迁移。行为主义者认为，语言学习者在学习过程中产生的母语负迁移，就是外语学习中犯错误或者是产生障碍的原因。

文化负迁移的主要表现就是在跨文化交际过程中语言使用不得体。这种不得体就是跨文化交际不能顺利进行、发生矛盾冲突的原因所在。因此，教师应在英语教学的过程中有意识地提升学生的文化素养，对于英语民族的文化知识内容进行认真的讲解，从而提升学生的语言敏感性，以消除母语文化的负迁移作用。

这就需要教师在进行跨文化英语教学时，努力预测可能发生的母语文化的负迁移作用，在进行英语民族文化同母语文化的比较分析过程中，尽量减少母语文化的负迁移作用，积极并充分地利用母语文化所具有的正迁移影响，增强学生的跨文化交际能力。那么，如何在高校英语教学过程中较为有效地消除母语文化的负迁移作用，充分发挥正迁移的影响，具体可以从以下几个方面进行：

1. 重视英汉语言文化与高校英语教学的关系

邓炎昌、刘润清曾经指出，所学语言的文化和所学的语言紧密相连。对于所学语言文化的熟悉，有助于得体使用这一语言的整体性。因此，高校英语跨文化教学应该对于英语与汉语之间的文化因素给予足够的重视，提升学生对于两种语言文化的敏感性与适应性，树立起相应的文化意识与文化观念。教师在传授语言知识的同时，对于文化知识内容也应该给予相当的重视与关注，并且能够根据学生已有的文化水准设计自己的教学内容，确定文化教学的相关知识。而且，教师必须明白，在文化知识的传授过程中，自己始终都是组织者与指导者，切忌为学生大包大揽、面面俱到。

2. 高校英语教学与文化教学相结合

语言，是一种音义结合的符号系统，会随着社会、文化及时间等方面的变化而产生相应的发展变化。高校英语跨文化教学要根据英语语言的语音、词汇、句法及语篇等一些较为具体的方面来构建文化教学。教师可以通过具体的听、说、读、写及播放视频录像、举办英语文学讲座等实践性活动，引导学生对英语民族的文化知识内容进行实践性认识与理解。除此以外，教师还可以通过对两种语言之间存在的语法、句法、结构、文化内涵等方面内容的对比，帮助学生形成跨文化交际意识与文化敏感性。教师应该通过比较，选出那些具有主流文化代表性与蕴含着文化主题的文学精品的材料，比如民俗文化、饮食文化等方面的内容，来进行专门性的解读，以促进高校英语跨文化教学效果的提升。

3.高校英语教学要培养学生的文化意识

在语言的语音、语法、词汇、篇章以及对话乃至于认知模式等方方面面，都深深蕴含着一个民族的文化内容。在高校英语跨文化教学过程中，教师应该引导学生遵循循序渐进的原则，有选择、分阶段地进行英汉文化的系统对比，而不是盲目地对西方文化全盘接受。只有这样，才能够培养学生有意识地、有目的地了解和认识英语的思维模式与认识模式，并有选择地接受。

这就要求高校英语教师能够做一个有心人，善于搜集整理那些包含着英语民族文化背景知识与社会风俗惯例的实例。事实上，很多语言材料都是朋友、家人之间的对话。教师可以在教学中引导学生进入逼真的面对面对话的场景，然后运用视频语音材料进行教学，有意识地指明对话中应该遵循的文化规约，使学生对英语文化有更进一步的理解与认识。这种以讲授文化背景知识的方式进行的文化教学，不仅能够使学生们对于文化有更深一层的理解与认识，同时还能够有效提升高校英语跨文化教学的教学效果。

（三）树立语言文化平等观，加强学生文化移情能力的培养

任何一个民族的语言与文化都有其产生的渊源与理由，它们之间是平等的，没有高低贵贱之分，都是世界文化的重要组成部分。因此，在高校英语跨文化教学过程中，教师一定要注意培养学生语言、文化的平等观念，引导学生尊重世界各民族的文化特性，从而增强学生的多元文化的意识，强化学生的文化移情能力，引导学生用平等的观念来看待本土的母语文化与目的语文化，用科学的态度对待母语文化与目的语文化之间的差异性与平等性，明白对于本民族的母语文化过分地自信或者是过分地妄自菲薄都不是正确的态度。

1.树立平等意识

不同的民族、不同的文化之间的相互交流对于丰富彼此的文化内容具有很大的作用。但是，这种彼此之间的交流，要建立在平等的基础之上。学生一定要明白，不同文化之间的交流产生的相互碰撞与误解是很正常的事情，关键是如何处理好这些碰撞与误会。

在文化的交流过程中，交际双方要秉持着一种彼此了解、尊重的态度来对待彼此的文化，并且能够宽容地对待彼此文化差异性的存在。只有具备了这样的态度，才能真正实现不同民族文化之间的交流与合作。跨文化交际是在两个或者两个以上民族之间发生的文化交流，因此交流的双方最好能够对彼此之间的文化特性有着较为充分的理解与认识，能够充分地尊重彼此的文化习俗，相互理解。在高校英语的跨文化教学中，教师要注意培养学生的文化平等意识，使学生明白文化交流的双方都是平等的，民族文化之间没有高低之分，任何权威性的民族文化或者文化霸权主义的观点与态度，在跨文化交流中都是错误的表现。

我们要协调不同民族文化之间存在的差异，使其达到和谐的统一，从而实现共同发展的目的。不同的民族文化之间的相互交流，必然会促进彼此共同发展与创新。如果世界上

只存在着一种文化，那就根本无所谓发展了，更不会有新的文化的产生。事实上，文化只有一方面保持自己独有的个性特色，另一方面又能够和其他文化相互促进、彼此融合、共同发展，才能够形成一种动态的平衡。

进行高校英语的跨文化教学，是当前跨文化交际的需要，具体目的如下：其一，能够顺利地同英语民族的人进行交流，更好地认识理解英语民族文化的精髓；其二，能够准确流畅地用英语对本民族的母语文化进行传播，使世界各民族的人民能认识和理解中国的传统文化，从而有效减少跨文化交际时可能发生的矛盾冲突与误会。那种放弃了发扬、传播本民族文化而单向地学习、吸纳英语民族文化的态度是错误的。任何一个民族的文化都有着其各自的优点与长处，都是这一民族的人民在漫长的历史发展过程中总结积累下来的经验。伴随着各民族经济、政治发展的全球化态势，各个民族的文化发展也呈现出多元化的特征。因此，在跨文化交际过程中，每一种民族文化都应该不断地从其他民族的文化中汲取精华，取长补短。在高校英语跨文化教学过程中，教师一定要注意学生对西方文化的学习态度，杜绝学生唯西方文化独尊因而轻视或者是忽略了对于本民族文化的关注的态度。跨文化交际要以平等的观念与态度对待交际双方的民族文化，这样才能够更好地取长补短，进行交流，实现合作，达到共同繁荣。

在这个文化多元化发展的时代，为了适应时代特征，教师必须引导学生打破母语文化与英语民族文化的禁锢，以一种包容的姿态来对待英语民族文化，对于文化之间的差异性，能够做到宽容、理解、尊重，并且积极地在不同之中寻找相同之处，建立起语言文化平等的观念，在处于动态的跨文化交际过程中，对于文化的参考框架进行随时调整，彼此之间相互协商，积极构建跨文化交际的平台，从而顺利实现跨文化交际的最终目标。在高校英语跨文化教学过程中，教师应该积极引导学生接触多种民族文化，以便更好地增长学生的文化见识，而不是仅局限于对英语民族文化的认识与学习。培养学生主动适应多元化交际的意识，是高校英语跨文化教学培养跨文化交际人才的最终目标。

2.培养学生文化移情能力

（1）文化移情

文化移情，是指在跨文化交际过程中，交际者能够以目的语的思维观念来看待问题，用对方的立场观点来思考交际中出现的事物，能够有意识地超越本民族母语文化的思维定式，超越母语文化对于自己思维观念的制约，以一种超越的态度来对待、感受、体验、理解目的语的民族文化。在跨文化交际过程中，文化移情是一种极为有效的沟通交流能力，是能够将交际者的语言、文化与情感连接起来的桥梁纽带。

鲁宾曾经说过，在有效的跨文化交际中，文化移情能力是指交际者尽量置身于另一种文化情境中，以另一种文化的思维模式去设身处地地思考，通过语言及非语言的形式去体验、表达，从而向交际对象表明自己已经完全理解了交际的内容。具体来说，文化移情主要有两个方面的表现：一个是语言语用方面的移情，也就是说话者有意识地使用某种语言向交际对象表达或者是传达自己的某些意识，以便使倾听者能够正确地理解自己想要表达的意思。另一个是社会语用方面的移情，指交际者双方都能够立足于对方民族文化的观点与思维方式去看待事物，设身处地地为对方着想，能够尊重彼此的民族文化习俗，对于两种文化之间存在的差异性也能够以足够宽容的态度去面对。一个具备文化移情能力的人，一定是一个能够与时俱进的学习者与具有开放文化价值观念的思考者。

可以毫不夸张地说，文化移情能力对于跨文化交际的成败有着直接的相关作用。由于跨文化交际双方之间存在的文化性差异，交际双方在各自的民族文化成长环境中形成了各自的思维模式、价值观念、风俗习惯、宗教信仰等固定模式，因此在进行跨文化交际时发生一些矛盾冲突是不可避免的。但是，那些具有较强文化移情能力的人就能够从对方的立场来看待问题，从而较为有效地避开文化冲突，使跨文化交际顺利进行。

（2）文化移情的必要性

人类社会出现之后，人类的生产实践活动逐渐地向着一个更为深入广阔的层面进行。每一个民族都在一个相对独立的社会生产实践的环境中来完成各自民族文化的生成发展，因此不同的民族文化都有着极为鲜明的民族特色。每一个民族的文化都是在自己民族的丰沃的土壤中发展成长起来的，在发展的过程中，被打上了独属于自己民族的鲜明的印记。而且，每一个民族无论是政治、经济还是文化、制度，都必然在社会历史的发展过程中形成自己民族的特色。同样的，这些不同的民族之间，必然会在民族意识、民族文化等方面呈现一定的差异性。在跨文化交际中，最容易产生的问题就是交际者由于长期处于自己民族的文化意识氛围中，已经习惯了本民族母语文化的交际模式、思维方式以及语言表达习惯等。这样，在进行跨文化交际时，若是不具备相当的文化移情能力，就很容易以本民族的母语文化意识、交际方式来同其他民族的人进行交流。在产生矛盾冲突时，就很容易以自己民族的思维习惯、价值观念来看待、解决问题，从而加深彼此之间的隔膜与误会。举例来说，在中国的文化传统中，如果在获知亲朋好友生病住院后，第一时间赶到医院进行问候，那么对方也会感觉到很温暖。可是，在西方英语民族的文化中，人们则认为对于生病的人来说，最好还是少去打扰，让对方安静养病比较重要。因此，在这两种不同的文化中，若是不理解对方的文化习俗，发生冲突和误会就是不可避免的了。因此，对于跨文化交际的双方来说，只有具备文化移情的能力与意识，才能够在进行跨文化交际过程中尽量减少误会与矛盾冲突，从而保证跨文化交际的顺利进行。

就目前我国高校英语专业的学生来说，多数学生在一定程度上能够认识到文化移情的重要意义。但是，因为长期以来受到本民族文化的影响，还不能够完全立足于英语民族的文化视野去看待、思考问题，缺乏一种文化移情的自觉性，还不能够完全尊重英语民族的文化习俗，不能够用一种彻底宽容的态度对待中西方文化之间存在的差异性，做不到完全的换位思考。这表明，目前我国高校英语专业的学生的文化移情能力还不足，缺乏一定的自觉性，仍然需要再进行强调。

（3）文化移情能力的培养

文化移情能力的培养，首先是对学生文化敏感性与宽容性的培养。交际者首先应该客观地正视跨文化交际双方之间存在的文化差异性，因为这种文化的差异性会导致彼此之间在价值观念、思维方式、宗教信仰、文化习俗等方面存在不同。为了保证跨文化交际的顺利进行，交际者需要对于交际对象的社会文化中所遵循的交际规则、语言表达方式等有着深入的理解与认识。跨文化交际中的敏感性的提升，其实就是对于交际对象的文化感知性的提升。人们之所以在跨文化交际过程中比较容易产生误会、冲突，主要是因为在文化感知方面出现了问题。跨文化交际研究理论认为，信仰、价值观、心态系统、世界观和社会组织这五种因素共同作用并对人类的感知产生着极为重要的影响。但是具体来说，培养移情能力最好的方法就是到目的语的国家去生活一段时间，这样可以从方方面面对这一民族有一个全面的体验与认识。若是没有能够到目的语国家去生活体验的机会，那么可以通过观看目的语国家的视频资料等方式来弥补不足，从而对目的语国家的民族文化习俗等有一个基本的理解与认识。要知道任何一个民族的文化，都有着其漫长而又悠久的历史积淀，是一个民族智慧与实践经验的总结。在跨文化交际过程中，进入交际的双方应该用一种平等的态度来对待彼此的文化传统，更好地理解、认识异族文化，并且对其持有尊重包容的态度，这样才能够真正实现文化移情。具体来说，跨文化交际过程中的文化移情过程可以按以下六个步骤进行：

①承认文化的差异性存在。现在生活的世界是一个多元化的世界，根据不同的人看待世界的眼光的不同，世界呈现出不同的面貌。因此，无论是个体还是文化之间，都存在着很大的差异性，我们需要承认这种差异。

②认识自我。能够对自己进行客观公正的评价与分析。

③悬置自我。想象自己是任意的界域，能够超出自我与世界的所有部分。

④体验对方。将自己想象成目的语对象，能够设身处地地、真正地进入对方的立场去体验、理解目的语言的文化。

⑤准备移情。充分做好移情的准备，与时俱进地持有一种开放的文化价值观念与态度。

⑥重建自我。在充分接受并且认识另一种异族文化的同时，对于本民族的母语文化也有着相应清醒的认识与对待，对于本民族的母语文化优势有着清醒的认识。

总而言之，文化移情是多元文化发展交流中实现顺利交流最为有效的途径，若想在跨文化交际过程中超越不同民族文化之间的差异性障碍，顺利进行文化交流，文化移情是其必要的渠道。因为不同的民族文化彼此之间都具有平等性，因此文化移情也要遵循着一个适度的原则。任何一个民族在跨文化交际中都有权利维护本民族的文化尊严，做到不卑不亢。

高校英语跨文化教学对于学生的文化移情能力的培养应该给予足够的重视，这是高校英语教学的一个重点。高校英语教师应在正确的移情理论的指导下，充分利用课外时间，通过设计各种英语跨文化交际实践情境，将学生带入真实的跨文化交际场景中，锻炼学生的语言运用能力以及对英语民族文化知识的认识与理解能力。这种实践活动有很多，如英语演讲比赛、英语歌曲比赛、办英语手抄报等。而且，随着网络的发展，学生还可以通过网络同外国人视频聊天、交朋友等。这些活动对于增强学生的文化移情能力、培养学生的文化移情意识具有极大的促进作用，从而培养学生在多元化的全球发展态势中能够顺利地进行跨文化交际。

（四）建立跨文化交际意识，提高文化认同度

通过大学阶段的英语学习，相信多数学生都能够组织英语句子进行交流沟通，但是若想做到用地道的英语来进行表达，还是有些困难的。究其原因，就是因为忽略了语句中的文化因素的存在。有时文化交流的失败，就是因为没有使交际双方在交际过程中得到文化的认同。

伴随着国际交流与合作的日益紧密，各民族在发展壮大自己民族文化的同时，也在潜移默化地接受其他民族文化的影响。各个民族在同其他民族的交流过程中，必然对自己民族的文化和异族文化之间的异同进行着不同程度的比较与认识，在此过程中，为了寻找到彼此对话交流的平台，必然意味着要放弃一些民族文化中原有的规则与习惯，以达到求同存异的目的。与此同时，要不忘坚持对本民族文化的认同感，以求在跨文化交际过程中保持本民族的文化意识，为母语文化的生存发展求得相应的权利与位置。

文化认同，是人类在对大自然的认识的基础上的一种升华性的认知，能对人类的价值取向、认知过程产生较大的影响作用，是以人类对于文化内涵产生的共识与认可为基础的。因此，文化认同经常作为跨文化交际过程中的语用原则来对具体的交际活动进行有效的指导。

马冬虹认为，在高校英语跨文化教学过程中，教师应该积极主动地对中西方文化进行对比，并且将中国文化的介绍作为重点内容，使学生能够对本民族的优秀文化传统有着清晰的认识与理解，并且培养他们将本民族的优秀文化传统传播给世界各个民族的意识，从而激发学生用英语对中国优秀传统文化进行表达的积极性与责任感。由于人们是在一种潜移默化的状态中接受本民族文化的，所以常常会缺少一种反思性。即使偶尔对于一些文化现象有所怀疑与思考，但是又可能会因为较为繁杂的文化问题而止步。在高校英语跨文化教学中融入中国传统文化教学，最主要的目的就是强化学生对于本民族的母语文化的认识与理解，帮助学生对本民族的文化有一个理性的认识与判断，防止其形成大民族中心主义思想，从而培养学生开放、灵活的思维模式。

费孝通认为，文化自觉是一个极为艰难的过程，对于自我文化的认识是一个前提条件，在此基础上对自己周围的文化进行认识与了解，这样才能够在当下这个多元化的世界态势中寻找到自我文化的位置，从而对多元化的文化局面有所适应，并在碰撞与交流之中找到大家都能够认可的、集多方文化所长、大家和谐共存的交际规则与秩序。

三、跨文化交际能力培养的行为体系

从跨文化交际能力的行为层面来看，跨文化交际能力可以分为解决问题的能力、建立关系的能力以及在跨文化交际中完成行为的能力。交际者所具备的良好的个人文化适应能力与互动能力是跨文化情境中顺利完成跨文化交际任务的良好保证。而在高校英语跨文化教学过程中，教材的选用以及教学策略的运用，对于培养学生跨文化交际行为能力具有较为直接的影响作用，甚至是完成跨文化交际任务的关键因素所在。

高校英语跨文化教学所用的教材，是教学的主要内容承载者，对于师生的教学来说，是主要的依据与导向。高校英语教材的质量对高校英语跨文化教学任务能否顺利完成起着至关重要的作用。就目前我国的高校英语专业的学生的状况来说，他们对于英语民族的文化传统、宗教信仰、风俗习惯、价值观念、思维方式等方面的了解与认识，其实是非常不充分的，这同目前高校英语教学中教材的编写与选择有着直接的关系。

因此，高校英语跨文化教学在选取教材时，就需要既考虑提升学生的跨文化交际能力可能涉及的各个方面，又要能够通过多种形式的练习题设计，将复杂的跨文化交际中所需要的各种技能与知识融入其中。比如，从跨文化知识的导入开始，解释语言表达中所深蕴的文化内涵，从而拓展和文化有关的知识内容。教师通过对具体案例的分析与点评，培养学生的全球文化意识与跨文化的敏感度；通过真实的情境扮演与角色分析，引导学生体验跨文化交际中可能出现的文化冲突与矛盾，从而增强学生的文化分析能力与判断能力；通过真实的媒体报道等方式，锻炼学生对于跨文化交际中的生活场景或者是工作场景中可能出现的跨文化问题的应对能力，提升学生解决跨文化冲突的能力。如果在当前的高校英语跨文化教学过程中忽略了实践的教学环节，那么可能只能培养学生的跨文化交际意识及文化敏感性，却并不能够提升他们的跨文化交际能力。只有带领学生进入真实的跨文化情境，引导学生进行真实的跨文化体验实践，才能够真正增强学生的跨文化交际意识，并且将这种跨文化意识和敏感性切实转换为跨文化交际能力。

（一）教材应体现文化内容与语言内容的自然融合

高校英语跨文化教材内容的编写与安排，最好能够以文化作为单元，教材中的每一个部分都有一个鲜明、突出的文化主题，通过语言的运用，在潜移默化的文化氛围中感染学生、熏陶学生，使他们在文化的浸染中熟练地掌握英语民族的文化与语言的使用规范。张红玲曾经说过，语言内容同文化内容的有机结合，是跨文化交际外语教学的核心思想。语言同文化都是教学的目的与手段，两者不可分割。教材中，系统的文化主题构成主线，语言教学的内容实际上同这些文化内容融为一体。

在教材内容的编写及安排上，一定要注意考虑高校英语跨文化学习的学生所置身的环境、语言的需求，以及其所拥有的知识结构与层次等多个方面的因素，其中应该蕴含着有关英语民族社会风俗、历史文化、人文价值观念等方方面面的知识内容，对西方不同的国家的文化知识与中国的传统文化进行比较性的介绍说明，在比较学习研究的基础上，引导学生认识、理解中西方文化存在的差异性。

与此同时，高校英语跨文化教材的编写与安排还要注意培养学生批判性思维方面的技能。对于英语民族的文化传统及事物，学生要能够用一种批判性的审视目光与思维方式进行接受，从而更为深入地体验、感受母语文化同英语民族文化的差异。教材所选的内容要积极向上，充满正能量，并且是人类共同的精神文化财富，通过潜移默化的形式传授给学生，对学生们的价值观、人生观等形成正面的、积极的影响作用。

具体来说，高校英语跨文化教学的教材内容的选择要把握好以下几点：

①选取英语国家的历史、文化、经济和民族风俗等方面的知识内容，这对于学生更深入地理解和认识英语民族的文化特色能有一个全面的帮助。

②从母语文化中选取一些较有文化特色的侧面进行介绍，以帮助学生从较深的层面进行英语民族文化与母语文化的比较，从而更好地培养其对于母语文化同英语文化差异性的敏感度与感知能力。

③努力拓宽文化比较的涵盖面，在选取内容时不要局限于母语文化同目的语文化的比较，同时还可以关注主流文化同非主流文化的比较，使学生有意识将主流文化和非主流文化放置到同等的地位进行理解与尊重。

（二）教材内容的安排循序渐进且多元化

任何一个民族的文化都具有一定的动态性、复杂性与多层面性，因此在编写与安排教材内容的时候，不能遵循古板的教学内容与原则，特别是高校英语跨文化教材的编写，其所选内容要有一个循序渐进的过程，要注意较强的可操作性，可以弹性循环进行教学。只有如此，才能够引导高校英语专业的学生在体验英语民族的文化时有一个不断加深与理解的过程。

教材内容的难易程度也要有一个循序渐进的过程，逐渐由表及里，由浅入深，由具体到抽象。课程的内容安排能够使其在不同的教学阶段以不同的形式重复出现，范围随着课程内容的由浅入深而逐渐拓展。还要注意，在编写跨文化教材时，需要遵循系统性、一致性、层次性、前沿性、时效性的编写原则，要与时俱进，既能够体现西方文化的精神特质，同时也能反映这个伟大时代对于人才需求与培养的变化，将人文关怀与素质培养很好地结合起来。

（三）教材内容的选取要注重真实性、语境化、多样化

张红玲曾经指出，能够适合高校英语跨文化教学的教材，一定是遵循教学材料真实化与语境化原则的教材。这是因为，只有真实化的语言教材能够真正刺激到学生对于所学内

容从认知、心理、态度、行为等方方面面产生一定的反应与感受，才能使学生具有较为真切的跨文化交际的体验感受。教材内容选择的真实性，指的是所选内容在现实生活当中是能切实用到的，而不是只为教学设计出来的。语言同文化之间的密切关系已经是被大多数学者专家认可的事实，无论哪一个民族的语言，都不可能离开其所产生、发展的文化环境而单独存在。只有充分地考虑语言所置身的文化环境，才能够对语言有一个深入的理解与认识。

因此，在编写与安排跨文化教材的内容时，就应该注意选取那些和学生日常生活密切相关的或者是学生重点关注、感兴趣的热点问题与内容，不仅要具有真实性与情境性，同时还必须具备相当的文化性与人文精神。也就是说，高校英语跨文化教材选择的内容应是原汁原味、顺畅自然的英语文章，语境尽量为英语民族语言运用时的真实语境。总而言之，所有的文化信息都是有关文化系统中的意义信息。

此外，在教学过程中，教师还要设计大量与跨文化交际有关的练习题。练习题的设计要涵盖有关跨文化交际意识与技能培养等方面的内容，通过实践性的案例来锻炼学生的语言运用能力、文化知识的掌握以及对于现实语境的适应能力等。练习题还可以结合具体的跨文化交际案例，培养学生在跨文化交际中所需具备的文化敏感性、宽容性以及处理问题的灵活性。

高校英语跨文化交际教材的编写还要注意将跨文化交际过程中动态的人际关系和知识内容及跨文化交际实践具体结合起来，从多个角度、多个方面体现跨文化交际特性，注意选取问题时的多样性以及回答问题时的灵活性。举例来说，在具体的跨文化交际中，必然要涉及语言知识与非语言知识方面的内容，不同的国家有着不同的文化特性，在同母语比较时呈现出来的差异性也是不同的。不同的民族，其思维方式、价值观念等方面也必然呈现出同母语文化不同的特性。如果存在大民族中心主义思想、思维习惯等，也必然会对跨文化交际产生一定的影响。跨文化交际能力的建构与培养，其侧重点是对学生的文化相对论观念的塑造，以便使他们在进行跨文化交际实践时，面对着可能产生的文化矛盾与冲突，能够迅速调适自我的情感与态度，进行换位思考，对于跨文化交际过程中的文化多元化问题持宽容友好的态度，从而更为深入地对异族文化有所理解与认识，突破文化单一的局限性，较为充分地理解语言和行为、价值观念同行为规范之间存在的紧密关系，从更为本质的层面来认识与理解母语文化和目的语文化之间存在的异同及其根源所在。最终目的就是培养学生在面对异族文化时具备宽容、开放的态度，对异族文化的价值观念、思维方式、社会风俗等能够从对方的角度来思考解读。教师还可以通过各种案例模拟训练，使学生在课堂上能够真切地感受、体验跨文化交际的实践情境，从而为将来学生进行跨文化交际时可能出现的问题提供应对策略指导。

（四）完善教材与练习的编排设计，推动学生自主学习

庄智象曾经提出过练习设计应该按教学和认知要求设计，应具备趣味性、互动性、针

对性，服务并促进语言与文化的学习。

这就要求高校英语跨文化教材在编写的时候，不仅要注意教材编写内容的趣味性，同时还要具有一定的目标针对性，能够使学生理解教学目标。对练习题的设计与安排，一定要给学生一定的自由发挥空间，使其能够自己对文化因素进行分析判断，从而提升其跨文化交际的积极性与参与性。同时，练习题的设计要将重点放在情境实践中，引导学生在身临其境的实践体验中去感受、体会，去分析、理解句子语言的运用，从而培养学生自主学习的自觉性及能力。

高校英语跨文化教学常常用到的教学方法有比较法、课堂讲解法、实践法等。同时，教师还可以充分利用文化讲座、模拟游戏等多种方法来增强学生对教材中的文化内容的理解与认识。因此，高校英语跨文化教材的编写要注意教材文化内容的选择同教学方式的灵活配合，从而使高校英语跨文化教学的形式更加多样化，以激发学生学习的兴趣。

第三节 基于跨文化交际理论的高校英语教学策略

一、跨文化英语教学的策略

英语教学的根本目的是与不同文化背景的人进行交际，实现有效的跨文化交际。这不仅是中国经济发展的迫切需要，同时也是新高等教育高质量发展的一项紧迫任务。为了实现这个目标，教师要真正认识到英语是跨文化教育的关键一环，把语言看作是与文化、社会密不可分的一个整体，并在教学大纲、教材设置、课堂教学、语言测试以及第二课堂中全面反映出来。

人类的交际不但是一种语言现象，也是一种跨文化现象。英语教学的目的是交际，而在我国目前的教学体系中，高校英语教学的侧重点都放在了语言知识的传授上，忽略了跨文化交际能力的培养。因此，教师要转变自己的观念，切实认识到文化冲突的危害性和培养学生跨文化交际能力的重要性，同时还要采用相应的策略和方法。

（一）转变观念

在我国，英语教学大多只在课堂上进行，教师起着绝对的主导作用。教师倘若只把重点放在语法和词汇的教学上，学生就不能掌握语言的实际运用，也无法获得跨文化交际的能力。因此，授课教师要转变观念，切实认识到文化冲突的危害性和培养学生跨文化交际能力的重要性。教师要不断学习，进行知识更新，提高自身的综合文化素质，切实全面地把握英语文化知识教育的量与度，加强师生互动，活跃课堂氛围，注意课下引导和点拨，全面提高英语教学水平，以达到预期的教学目的。

（二）改进传统的教学方法

一直以来，高校英语教学都把侧重点放在语言知识的传授上，而忽略了跨文化交际能力的培养。为了改变这种局面，教师应该改进单一呆板的教学方法，从质和量两个方面对课堂教学中的文化教学加以控制，并利用如多媒体、互联网等先进的现代化教学手段来充分调动学生的学习积极性和主动性。同时，教师还可以举办一些专题讲座，搭建知识平台以满足学生的求知欲望，培养出具有较强跨文化交际能力的人才。

（三）引导学生广泛接触西方文化知识

大学生有充分的可支配时间，仅仅依靠教师在课堂上的教学来培养跨文化交际能力是远远不够的，教师要引导学生充分利用课外时间广泛阅读英语文学作品、报纸杂志等材料，使学生从中汲取文化精华，提高文化素养，拓宽文化视野，增强跨文化交际能力。另外，教师还要鼓励学生直接与外教交流，听外教做报告或讲课，以期在交际中接触更多西方文化知识。

二、跨文化英语教学的原则

跨文化英语教学与传统的英语教学在教学目标和教学内容上有着很大的不同，因此在教学方法和原则上也必然有所不同。跨文化英语教学的基本出发点是将英语作为国际通用语进行教学，将培养跨文化交际能力作为教学的最终目标。正因为如此，教学内容大大超出了交际法所圈定的目的语和相关目的语文化。虽然目的语和相关目的语文化仍然是跨文化英语教学的核心内容之一，但是只包括目的语和相关目的语文化的教学不能满足跨文化交际的需要。跨文化英语教学应将教学内容扩大到整个国际社会，不仅包括以英语为母语的国家和地区，也包括将英语作为第二语言的国家。这样的教学内容和教学目的不可能完全通过传统的知识传授和机械训练的方法来实现。引导学生掌握语言学习和文化学习的方法，培养他们独立思考和自主学习的能力，是保证跨文化英语教学成功的一个重要条件。一般来说，教师是教学的主要执行者，是教学的主体，但是在跨文化英语教学中，学生的中心地位要凸显出来。跨文化英语教学要遵循如下原则：

(一)以学生为中心,引导学生自主学习

学生是教学过程的真正主体,教师的教学、教材的编写、教学方法的设计和选择都必须围绕学生的实际需要进行。在跨文化英语教学中,教师不仅要重视英语语言的学习,还应把学生对母语和本族文化的体验和理解、对目的语文化和其他文化的态度、对整个人生的态度、个人综合素质的提高、立体思维方式的形成和跨文化交际能力的培养等很多与学生的过去、现在和未来密切相关的主题,都作为教学设计和教学活动的考虑因素。就教师而言,引导学生进行自主学习是其主要任务,虽然知识的传授和规则的讲解仍然必不可少,但是教学的中心应该转向对学生自主学习能力的培养。这一点对于跨文化英语教学来说非常重要,主要原因有两方面:一是当今世界信息爆炸,知识不断更新,培养终身学习的思想,掌握独立学习的方法,已经成为教育界普遍关注的内容;二是跨文化英语教学的目标和内容相对于传统的英语教学而言扩大了无数倍,而教学时间基本不变,因此学生在校期间有很多内容无法接触和学习,教师只有通过授人以渔的方法,才能确保教学目标的最终实现。这也是将离开学校后的英语和文化学习纳入整个教学体系的原因。

(二)语言教学与文化教学结合,实现有效的跨文化交际

语言和文化在跨文化英语教学中互为目的和手段。英语发展成为国际通用语的原因之一是跨文化交际日益频繁,来自世界各地、各民族、各文化群体的人们需要这一通用语作为沟通和交际的媒介,因此英语学习的目的之一就是进行有效的跨文化交际。因为英语语言学习本身涉及文化的学习,所以英语语言的学习是文化学习的手段,文化学习和跨文化交际是英语学习的目的。反过来,文化学习为英语语言学习提供丰富多彩、真实鲜活的素材和环境。大量文化材料被引入英语教材和课堂,不仅使英语学习生趣盎然,而且是培养学生英语交际能力的重要保证。总之,跨文化英语教学包含语言教学和文化教学,二者相辅相成、不可分割。因此,在教学设计和课堂教学中语言教学和文化教学必须有机结合。这种结合体现在英语教学的各个阶段、各个环节。虽然根据学生的认知水平和学习需要,在不同阶段和不同课程中,语言和文化各有侧重,但是在跨文化英语教学中没有单纯的语言课或文化课,只要具有这种意识,总能找到两者的结合点。

(三)注重思维方式,遵循交际规则

文化会影响人们对外界事物的看法和认识,处于不同文化中的人在思维方式方面必然会有所差异。西方文化的思维方式注重逻辑和分析,东方文化的思维方式则注重直觉和整体。中国人含蓄委婉,思维方式带有意会性;西方人比较直接,思维方式具有直观性。思维方式是文化的一部分,渗透于人们生活的各个领域。当自身的思维方式和交际对象的思维方式发生不同程度的冲突时,便会导致跨文化交际的种种障碍。由于东西方思维方式不

同，为保证跨文化交际的顺利进行，人们应该遵守交际规则，尊重交际对象的文化。

（四）调动学习潜能和机制，多层次、多渠道地进行教学

这一原则有三个前提：学生具有多种学习潜能和机制，跨文化英语教学包含态度、知识和行为等多个层面，教学可以通过听、说、读、写、感觉和思维等多种渠道进行。根据霍华德·加德纳的研究，每个人都有三个方面的八种智能机制，即个人智能（内省智能、社交智能、音乐智能）、学习智能（逻辑智能、语言智能）、表达智能（身体语言智能、视觉空间智能、自然主义智能）。

学校教育通常只注重发挥学生的学习智能机制，而忽略其他智能机制的作用。实际上，稍加分析，不难发现，以上八种智能机制只要使用恰当，都可以成为有效的学习工具，尤其对于文化学习来说更是实现教学目标所不可缺少的。这些不同层面的机制很少单独起作用，它们往往相互补充、相互配合，共同优化学习过程。

学生的内在学习机制需要外部条件（如教学手段）的配合和刺激才能有效发挥其促进学习的作用。科学技术的飞速发展和社会文化环境的不断改变为此提供了条件。多媒体和网络技术的发展有利于视听教学材料的开发，使虚拟现实成为可能。同时，丰富多彩的社会文化环境和不断发展的国际、国内旅游，使学生不但能够调动多种感官去学习语言和文化，还能获得语言交际和文化交际的亲身体验。总之，跨文化英语教学要求各种学习机制及多重外部环境和手段同时起作用。只有实现内因和外因的有机结合，才能使语言教学和文化教学达到最佳效果。

跨文化英语教学强调学生要在认知、情感和行为各个层面上共同进步。教师在制订课程计划和设计教学活动时，必须考虑这三个方面的教学需要，帮助学生达到跨文化交际能力和个人综合素质发展所要求的知识的积累、态度的转变和能力的提高。

（五）因材施教，注重文化教学的相关性和适合性

不同年龄层次的学生在认知水平、情感发展和经历经验上都有很大的差别，这些差别必然导致教学内容和教学方法的不同。一般情况下，对于年龄较小的学生来说，与他们的生活和学习息息相关的、具体的、直观的教学材料较为合适。随着学生认知水平的提高、心理承受能力的增强和人生体验的增加，语言和文化教学内容的深度和广度逐渐扩大到一些间接的、复杂的、需要进行抽象思维的意识形态领域。就文化教学而言，这种相关性和适合性的原则至关重要。跨文化交际能力的培养是一个漫长而复杂的过程，学生对母语和本族文化的理解和体验是这个过程中不可缺少的一部分。学生在学习外国文化的同时，还一直处于一种自我认识、自我反省、自我批评、自我完善的状态之中，任何与他们的经历和认知能力相距甚远的教学内容和方法都将背离以"自我"与"他人"比较对照的文化学习原则。

1. 平衡教学内容，使之在向学生提出挑战的同时，也给予他们适当的支持和帮助

任何教学活动都涉及教学内容和教学过程两个方面。为了取得最好的教学效果，内容的安排和过程的设计必须考虑对学生的挑战和支持程度。理想的教学应该是挑战和支持得到较好的协调，如果内容复杂、难度较高，那么教学活动或过程就应该相应降低难度，给学生较多的支持；相反，如果内容简单、难度较低，教学活动就应该具有较高的挑战性。只有这样，才能保证学生从教学中得到最大的收获。否则，复杂的教学内容被置于挑战性很强的教学活动中，学生就会有很强的恐惧心理和挫折感，不利于调动他们的学习积极性；相反，如果内容简单，教学活动又缺乏挑战性，那么学生的学习潜力不能得以发挥，他们会觉得乏味，学不到东西。处理好教学内容与过程、挑战与支持之间的辩证关系是跨文化英语教学的一个重要理论和原则。

2. 说教式的知识传授法与体验探索式的教学方法相结合

说教式方法是一种通过讲座、讨论等形式进行知识传授的方法，主要能促进学生的认知和理解，有利于学生学习和掌握语言和文化知识，分析和理解文化差异，这种方法与逻辑推理中的演绎法类似。说教式方法的不足之处在于在教学中，学生在很大程度上处于一种被动接受的状态，知识的获取和对概念的分析理解是其主要形式。在这样的教学活动中，跨文化英语教学所要求的学生在态度和行为层面上进步和发展的目标就难以实现。正因为如此，跨文化研究者主张采用一种体验探索式教学法。这种方法以学生为中心，创造真实或模拟的跨文化交际情境，让他们去感受、体验，从而使认知、情感和行为各个层面受到刺激，弥补说教式教学法的不足。

3. 培养跨文化意识和敏感性，探索文化学习方法

跨文化英语教学中文化教学的目标和内容非常广泛，如果这些目标和内容都作为教学的知识范畴，那么学生在有限的学习生涯中是不可能全部完成的。帮助学生掌握独立学习的方法，树立终身学习的思想，培养跨文化意识和敏感性，是文化教学的重点。文化教学的另一个重点是培养文化学习的方法。文化学习的目的不是使学生成为人类学家和社会学家，但是掌握一定的文化研究和学习的方法是非常必要的。文化是动态发展的，这要求跨文化交际能力培养与学校教育和社会实践相结合。教师在教学过程中必须有意识地引导学生对文化现象进行分析、解释，对不熟悉的文化内容进行探索，并不断地对自己的学习过程进行反思，及时总结经验，这就是所谓的元认知学习过程。文化学习的方法有很多，其中文化人类学所采用的参与观察法，以其体验式、探索式的优点成为一种被广泛推崇的方法。

4. 教学内容和过程情境化和个性化

跨文化英语教学的特点之一是将语言学习和文化学习与学生的个人体验和发展需要紧密结合起来。跨文化英语教学对个人综合素质的培养所起的作用是通过教学内容情境化和个性化实现的，因为只有置于具体的情境之中，文化内容才会焕发出活力，才能显现文化对社会和个人的调节和指导功能，才能使学生身临其境地感受文化的作用，才能刺激学生的多种学习机制；只有将教学内容和过程与学生的个人经历结合起来，才能激发他们学习目的语文化和其他文化的兴趣，才能为他们将本族文化和其他文化进行对比创造机会，从而促使他们反思自己的态度、行为和价值观。此外，情境化和个性化也是语言教学的需要，一方面有利于保持学生的学习积极性；另一方面，情境英语教学将语言教学内容置于真实的社会文化环境之中，使学生不仅学到了语言知识，而且掌握了这些语言知识的具体应用规律、交际法和功能。

5.对比本族文化与目的语文化，不断反思本族文化

跨文化英语教学的一个突出特点是将本族文化从学习背景中凸显出来，通过与目的语文化进行比较，形成一种跨文化的氛围。这种跨文化的氛围有三方面的好处：一是联系本族文化和个人体验进行目的语文化和语言的学习，不仅能刺激和保持学生的学习积极性，还能使学生对所学内容记忆更牢固，理解更透彻，应用更灵活；二是跨文化交际要求学生了解本族文化与目的语文化接触时，可能发生的冲突和可以采取的措施，只有在目的语文化学习过程中不断反思和对照自己的本族文化，才能对它们之间的文化差异的具体表现有一个全面深入的了解；三是增强对本族文化的意识和反思有利于学生消除或减弱民族中心主义思想，客观认识自己的价值观念和行为习惯，从而培养一种开放、灵活的思维模式。跨文化英语教学的任务之一就是增强学生对自己本族文化的认识和理解，而比较和对比是实现这一目的的重要手段。

6.尊重学生，注意因材施教

学生的文化体验、价值观、世界观和思维等个人因素在跨文化英语教学中起着非常重要的作用，是文化教学的基础。跨文化交际能力的培养需要从学生现有的文化体验出发，通过将本族文化与目的语文化进行对比，来增强跨文化意识。正因为如此，教师一定要尊重学生的个人体会、文化背景、价值观念和思想感情等，不能对学生及其思想感情持有轻视、蔑视、否定及批判的态度。

此外，任何学生都有自己的学习风格和方法偏好，在以学生为中心的跨文化英语教学中，因材施教就显得尤为重要。教师可以在迎合学生学习风格的基础上，有意识地向他们介绍一些其他风格的学习方法，让学生了解不同学习风格和方法的优点和不足，鼓励他们尝试其他学习方法，拓展他们的学习风格，增强他们学习的灵活性。

三、跨文化英语教学的步骤

一个人的母语文化认知图式是自然形成的，而目的语文化的认知图式必须有意识地对

待，因为这是一种特定的思维模式。所以，教师在教学过程中应充分发挥想象，设计各种各样的活动，提高学生对英语学习的热情，加深他们对英语的理解。

（一）准备阶段

针对教学内容中所包含的文化知识，教师要了解学生的原有程度，然后采取教师讲解、问卷测试、直接问答、词汇联想和图片展示等方法让学生对将要学习的内容有一个初步的了解。

（二）讲解阶段

教师应针对所学内容的特点采取不同的教学方法，使学生的学习效率最大化。

1.对比法

涉及语言交际方面的内容，如汉语中"像老黄牛一样勤恳""力大如牛"，在英语中却要说work as a horse或as strong as a horse。中国人都是用牛耕地劳作，而英国人却是用马来耕作的。同样，汉语有"害群之马"的俗语，英语中翻译为black sheep。

涉及非语言方面的内容，如外籍教师穿着很随便，在公开场合甚至可以穿短裤，上课时有的还坐在课桌上，嘴里嚼着口香糖。中国教师则不会这样。

交际习俗与礼仪方面，中国人在饭桌上喜欢互相劝酒，而这在西方人眼里就是强人所难的举动。西方国家，孩子在家可以随便称呼父母长辈的名字，而这在中国是很不礼貌的行为。在西方国家，两个好朋友一起出去吃饭喜欢AA制，而这在中国人看来是不讲朋友情面的事情。

在价值观念上，多数西方人追求个人价值、个人成功，而中国人则倾向于社会、集体价值至上。

2.翻译法

英语学习者都面临一个共同问题：当他们在做翻译练习时，目的语中没有与母语对应的词。由于英汉两种语言在词汇、语法、句型结构等方面有很大差异，容易导致翻译出来的语句不符合目的语的习惯。练习翻译文化差异大的典型句子既能提高翻译水平，也能提高学生的文化意识。

3.互动法

英语教师可以通过与学生之间的互动交际，让学生联想具有类似文化差异的中西方不同词汇或语言现象，以增强英语教学效果，提高学生的英语水平。

（三）习得阶段

跨文化差异学习的最终目的是使学生掌握差异，从而在交际中更加得体恰当地运用语言。而学生对这些差异的理解和掌握要通过不同的课内外活动的练习而习得。因此，教师应努力创造跨文化交际的机会，如创造条件使学生有与外籍人员面对面交流的机会；使用一定比例的国外原版教材，并努力提高自编教材的真实性；充分利用现代化教学手段；充分利用外籍教师；引导学生阅读外国文学作品、报刊文章，推荐学生观看体现文化背景、风土人情和社会习俗等内容的外文电影；开展丰富多彩的课外活动，诸如文化讲座、知识竞赛等，引导学生逐渐养成自觉吸收不同文化的学习态度。

参考文献

[1]张献.大学英语教学理论及实践应用[M].武汉：中国地质大学出版社，2020.

[2]赵常花.媒体融合视角下的大学英语教学理论与实践研究[M].北京：企业管理出版社，2020.

[3]蔡玲.大学英语教学实践探索[M].长春：吉林文史出版社，2021.

[4]单士坤，王敏.二语习得理论视阈下的高校英语教学策略研究[M].长春：吉林大学出版社，2020.

[5]宋燕，王红溪.图式理论在大学英语翻译教学中的应用[J].海外英语，2020（12）：71-72.

[6]韩楠.大学英语教学体系构建与创新性研究[M].长春：吉林大学出版社，2020.

[7]李晓玲.大学英语教学方法研究[M].西安：陕西科学技术出版社，2020.

[8]徐雪元.大学英语教学改革实践[M].长春：吉林出版集团股份有限公司，2020.

[9]陈细竹.苏远芸.大学英语教学模式的革新与发展研究[M].长春：吉林人民出版社，2021.

[10]朱飞.大学英语教学中的翻转课堂[M].长春：吉林大学出版社，2020.

[11]周保群.大学英语教学模式与课程建设研究[M].重庆：重庆大学出版社，2020.

[12]秦盼泓.文化自信视域下大学英语教学的策略与路径[M].北京：中国书籍出版社，2021.

[13]卜危萌.高校英语阅读教学文化语境建构策略[J].英语广场，2020（16）：103-106.

[14]陈睿，李秀娟.多元智能理论下高校英语教学应用与改革探讨[J].佳木斯大学社会科学学报，2020，38（3）：185-188.

[15]刘玮.大学英语任务型教学中的问题与对策[J].产业与科技论坛，2020，19（13）：161-162.

[16]单楠."支架"理论在英语课堂教学中的应用[J].文教资料，2020（03）：236-238.

[17]王琳.信息化时代高校英语教学融合思政教育发展探究——评《高校英语思政教育理论与实践》[J].外语电化教学，2023（4）：111.

[18]岳红梅.基于跨文化交际的高校英语教学探索——评《跨文化交际理论应用于高校

英语教学的实践研究》[J].科技管理研究，2023，43（16）：265.

[19]侯静.深度学习理论下高校英语综合类课程思政设计研究[J].英语广场：学术研究，2022（34）：83-87.

[20]谢宝清.高校英语教育教学的多元化发展研究——评《高校英语教育教学理论与实践研究》[J].科技管理研究，2022，42（04）：246.

[21]薛俊杰.高校英语教学中跨文化交际理论的应用探究[J].海外英语，2022，(12)：166-167，169.

[22]袁瑾.高校英语专业教学中渗透思想政治教育的探讨[J].校园英语，2022，(35)：103-104.

[23]田珂.高校英语的信息化教学研究[M].长春：吉林出版集团股份有限公司，2023.

[24]周璇.基于情境认知理论的高校英语翻译教学研究[J].时代人物，2023(15)：255-258.

[25]赵茜.认知语言学理论视角下的高校英语教学——评《认知语言学理论视角下英语教学新向度研究》[J].中国教育学刊，2022，(09)：129.

[26]弥晓华.高校英语教育趋势分析与模式改进——评《大学英语教育教学理论与实践研究》[J].中国教育学刊，2022，(11)：116.

[27]薛金梅.文化全球化与高校英语跨文化教学[M].哈尔滨：北方文艺出版社，2022.

[28]韩艳.新时期高校英语教学及发展研究[M].长春：吉林出版集团股份有限公司，2023.

[29]程心.联动理论视角下的高校"英语文学导论"课程教学[J].外语教育研究前沿，2022，5（01）：58-64，91.

[30]徐中锋.高校英语课堂教学改革研究[M].北京：北京工业大学出版社，2023.

[31]李传馨.高校公共英语的课堂教学改革研究[M].北京：北京工业大学出版社，2023.

[32]谭钦菁."整体语言法"理论对高校英语教学改革的启示[J].海外英语，2020，(18)：167-168.

[33]姜霞.高校商务英语教师学科教学知识建构研究[M].上海：上海交通大学出版社，2023.

[34]陈杰.多维视角下高校英语口译教学研究[M].北京：经济科学出版社，2023.

[35]成新亮，郝丽洁.基于情境认知理论的高校英语翻译教学研究[J].海外英语，2023，(04)：94-96.

[36]姜小敏.最优化理论下高校英语翻译课程思政教学改革探析[J].科学咨询，2023（03）：146-148.

[37]钟翀.情境认知理论与高校英语翻译教学融合途径分析[J].海外英语，2022，(21)：107-108.

[38]杨紫藤.高校英语教学中文学翻译理论和功能主义翻译理论的探索[J].进展：教学与科研，2022，(04)：174-175.

[39]潘妤.评价理论下高校英语教学有效反馈策略探讨[J].温州医科大学学报,2022,52(03):253-258.

[40]陈伟.高校英语教学策略创新与模式构建多维度研究[M].长春:吉林出版集团股份有限公司,2022.